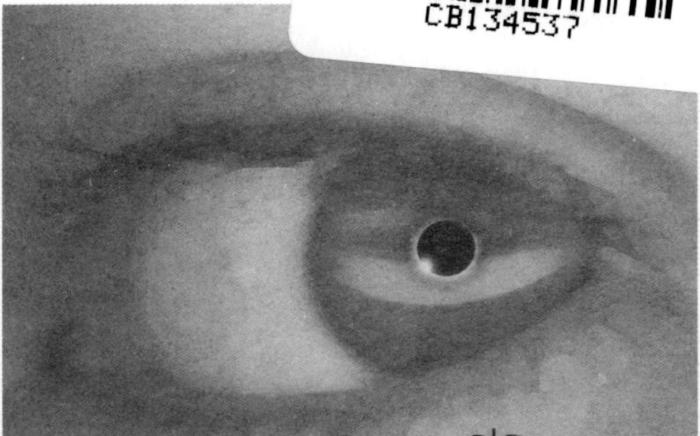

PETER O'CONNOR

QUANDO VIER O AMANHÃ

A JORNADA DO HOJE

ACADEMIA DE Inteligência

Título original: When Tomorrow Comes

Publicado por Pan Macmillan Australia.

Produtora Executiva: ***Suleima Cabrera Farhate Cury***
Produção Editorial: ***Adriana Moreira da Silva***
Tradução: ***Philip Mark Hall***
Capa: ***Daniela Moreira Maia***
Revisão Textual: ***Cláudia Caetano e Denise Escher***
Adaptação e Editoração Eletrônica: ***Denise Escher***

O' Connor, Peter Samuel, 1973 -
Quando Vier o Amanhã / Peter Samuel O'Connor;
[tradução Philip Mark Hall]. -- Colina, SP:
Editora Academia de Inteligência, 2004.
ISBN 85-87643-14-2
1. Romance inglês I. Título.
04-6979 CDD-823

Índice para catálogo sistemático:
1. Romances: Literatura inglesa 823

EDITORA ACADEMIA DE INTELIGÊNCIA
Rua Cristóvão Colombo, 82 - CEP: 14770-000 - Colina (SP)
fone: (17) 3341 8212

Para minha esposa Karen,
em sua companhia tudo se torna possível...

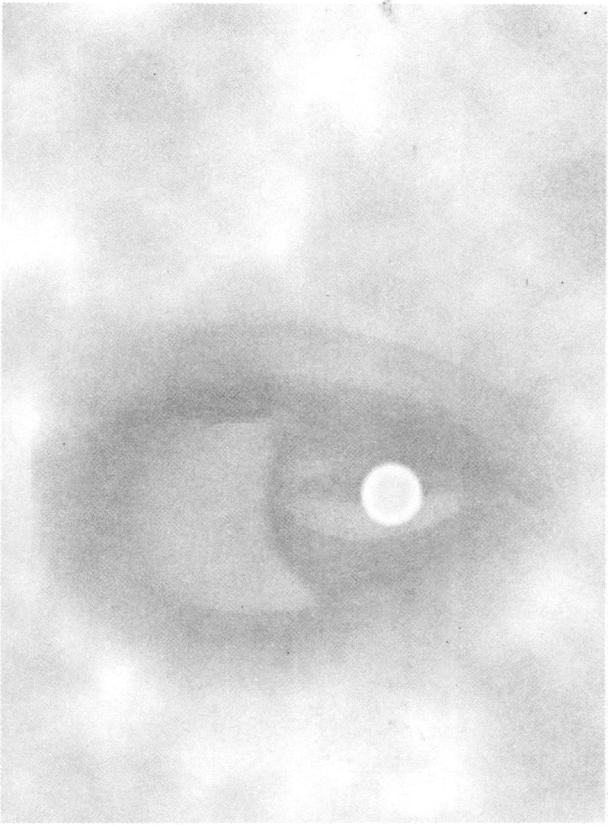

1

Exausto, o senhor de idade avançada envergou-se sobre a cama, cobrindo os olhos para protegê-los do brilho da lâmpada fluorescente que parecia penetrar sua cabeça fazendo-a latejar. Os efeitos colaterais dos medicamentos eram mais nocivos do que a própria doença, e já o tinham levado ao limite da tolerância.

À medida que a náusea crescia, rangia os dentes determinado a não se submeter à indignidade de se sujar novamente. Ele respirou aliviado quando a dor finalmente diminuiu e, naquele instante, decidiu parar de tomar a medicação: o tempo que lhe restava tornou-se menos importante que sua qualidade de vida.

O câncer que se apoderou de seu corpo havia reduzido, nos últimos cinco meses, um homem vigoroso e enérgico a um pobre coitado.

Ele sabia que estava morrendo, mas não sentia nenhuma amargura.

As fotos tiradas, durante toda sua vida, o rodeavam dando-lhe o doce e suave conforto das lembranças na qual a melancolia e o desespero do câncer não podiam alcançá-lo.

Abriu um sorriso ressequido ao se lembrar das várias aventuras feitas com os bons amigos. A lembrança de sua esposa, que havia partido há alguns anos, lhe trouxe à face rugosa uma expressão de ternura. A vida havia sido longa em comparação com os padrões médios e, silenciosamente, prometeu a sua amada que em breve eles estariam juntos.

Privado de atividades físicas, o velho senhor passava a maior parte dos seus dias apertando contra o peito um velho diário com encadernação de couro. O inseparável diário estava repleto de sabedoria e conhecimento que foram acumulados através dos anos. Intimamente familiarizado com todas as palavras, serviu-lhe como um guia para sua vida, sempre se adequando aos ideais e padrões que esse diário sugeria.

Sorriu orgulhosamente ao ver uma foto de

sua juventude: a impetuosidade no uniforme e o quepe caído de forma descuidada faziam-no sentir-se homem o bastante para lutar na Segunda Guerra Mundial, mas fora forjado na fornalha do medo e da morte nas florestas impenetráveis da Nova Guiné. Durante os oito terríveis meses que esteve lá, pôde refletir sobre o verdadeiro valor da vida e concluir a tragédia que era gastar a vida em qualquer coisa que o impedia de viver.

Abrindo o diário, ele olhou para o velho pedaço de papel que havia colado na primeira página, em sua juventude. A escrita estava quase se apagando, mas não foi necessário lê-la para saber o que dizia. Delicadamente, com os olhos fechados, tocou com os dedos trêmulos aquela relíquia e sussurrou todas as palavras. Era a mensagem final de um amigo. Seus olhos se anuviaram ligeiramente; suspirando, fechou o diário. Com mais freqüência, o passado o transportava. Apesar da sua grande tentativa para permanecer ancorado no presente, ele se sentiu vagueando sobre um mar de lembranças.

Ele sabia que o seu tempo estava se esgotando e que não mais acordaria da suave lassitude que o chamava, constantemente, com a voz de sua querida esposa.

Ele não temia a morte: havia perdido aquele temor há muitos anos, mas agora que sua hora estava lhe rondando, rezava para que tivesse força para completar uma última aventura.

À medida que as lembranças do seu passado cresciam, um último pensamento aflito forçou passagem pela sua visão. Por que sua neta não havia chegado ainda? O futuro de ambos dependia dela.

*

Sarah sempre se incomodava em estar naquele lugar: corredores envelhecidos, iluminados artificialmente por luzes fluorescentes, os gemidos ecoados e o cheiro químico misturado com o cheiro da doença.

Mantendo os olhos fixos à frente, sem se atrever a olhar para o interior dos quartos, só conseguia pensar que aquele lugar seria o fim de todos. Para ela, a razão sempre falava mais alto.

Sarah tinha motivos suficientes para odiar aquele lugar.

Com treze anos, ela sentou-se num corredor semelhante para visitar sua mãe. Enquanto o médico falava com seu pai, Sarah observava os tons suaves do quarto, mas o que realmente permaneceu em sua mente foram os odores químicos. De repente, todos olharam para ela com olhares de compaixão. Sarah não viu sua mãe naquele dia. E nunca mais a viu.

Desde aquele dia, o pai dela parou de sorrir e se distanciou de todos. Naquele corredor horrível, ela perdera ambos.

Aproximando-se do quarto de seu avô, teve uma vontade incontrolável de correr para os braços dele. Dentro daquele santuário que parecia não fazer parte do prédio, Sarah se recostou contra a porta fechada compondo-se por um momento antes de se sentar silenciosamente ao lado do avô que se moveu agitadamente sob o domínio de um pesadelo.

Tocando com ternura o ombro dele, ela sussurrou com doçura:

- Vovô?

Como ele não se moveu, ela o esperou imaginando com o que ele estava sonhando.

*

Uma névoa cinza pairava sobre o campo de batalha provocando queimações na pele, lacrimejamento e irritações nas vias respiratórias. As bombas e os explosivos lançavam torrões e pedaços de corpos enquanto trabalhavam apressadamente para melhorar o entrincheiramento. De repente, o barulho ensurdecedor do combate cessou.

O silêncio parecia tão profundo que, por algum momento, o jovem soldado acreditou que havia ficado surdo. Só percebeu que tinha sobrevivido ileso quando viu o sargento se rastejando pela fossa e oferecendo algumas palavras de encorajamento para alguns combatentes.

Apoiando-se contra a parede da fossa, o jovem limpou o barro que havia respingado em sua face e fitou sua superfície plácida numa poça de chuva entre os seus pés. Lembrando-se do dia em que ele e seus amigos haviam deixado seus lares para embarcar nessa grande aventura se perguntou se se reconheceria no reflexo da água.

Toda a cidade havia comparecido para lhes dar adeus. Um discurso excitado do prefeito fizera com que eles se sentissem como heróis invencíveis. Fora um dos momentos grandiosos de suas jovens vidas e se sentiam orgulhosos pelo afeto de conhecidos e desconhecidos. Acotovelando-se na janela do ônibus, eles se penduraram para fora recebendo a adulação das belas moças que corriam ao lado com seus vestidos coloridos.

Tudo aquilo havia terminado no momento em que eles haviam chegado àquele terrível lugar. Ali havia apenas duas cores: a do barro e a do sangue. Se não tivesse sido pelo sargento, o jovem duvidaria que teria sobrevivido.

Quatro jovens haviam ingressado àquela aventura, apenas ele sobreviveu. O sargento o mantia longe de problemas.

O sargento tocou encorajadamente o ombro do homem com quem conversava e lentamente se dirigiu em sua direção, perguntando:

- Você está bem, Joseph?

- Vovô, você está bem?

Por alguns segundos a visão das trincheiras foi sobreposta pelo quarto. Joseph piscou os olhos para clarear a visão, o velho sargento se transformou na figura de sua neta.

- Vovô?

Sorriu batendo levemente em sua mão para assegurar-lhe de que estava bem.

- Estou bem, querida. São apenas sonhos de um velho homem.

Por cinco meses, ele havia escondido a extensão da doença de sua família. Ele não queria enganá-los, apenas não podia suportar os olhares velados de pena ou ouvir banalidades evasivas. Internado naquele asilo, observava doentes com olhares distantes, bocas entreabertas, nem vivos e nem mortos. Mesmo incapazes de rir, amar, pensar ou até mesmo de lembrar algo, os doentes recusavam a morrer ou se mantinham vivos com o auxílio de aparelhos com consentimento de familiares que mesmo se lamuriando, não os deixavam partir.

Joseph amava viver. Terminar sua vida de tal maneira o enchia de horror e medo. O mero pensamento do possível destino que o esperava fê-lo prometer a si mesmo que deixaria aquele lugar o mais rápido possível. Visualizou em sua neta a esperança para ambos.

Como de costume, ele a beijou ruidosamente na bochecha arrancando-lhe um sorriso e gesticulou para que ela puxasse a cadeira, assim não era preciso aumentar a voz. Conversaram coisas sem importância e sutilmente sobre sua doença, mas segurou sua mão no momento em que ele viu uma lágrima em seus olhos.

- No final, todos nós morremos - disse ele gentilmente - o que faz a diferença é o quanto foi válida a vida e não o quanto foi longa. E no meu caso, posso me sentir realizado porque consegui vivê-la bem e por muito tempo. Não tenho arrependimentos.

O silêncio tomou conta do quarto e ela começou a olhar as fotos tão familiares coladas lado-a-lado na parede. Parecia que seu avô havia visitado ou explorado todos os continentes.

Naquele momento, pôde perceber o quanto ele era incrível e como sua vida fora maravilhosa. Até então, ela sempre o enxergara ingenuamente e não conseguia se inteirar da experiência que existia por detrás daquele rosto envelhecido.

Na última foto, ela demorou um pouquinho

mais, tentando entender melhor aquele homem que ela aprendera a amar.

- Existe algo que você ainda não fez, vovô? - perguntou com um sorriso brincalhão.

- Mas é claro que sim! Quem dera fazer tudo que queremos! - respondeu com uma risada na voz.

Sarah voltou-se para as fotos novamente se questionando. Ela não havia tentado fazer nada do que seu avô havia feito. Nem mesmo imaginado. A vida agitada do trabalho já consumia muito de sua energia. Sabia que não teria tempo para aquelas aventuras, pelo menos por um bom tempo, já que almejava ser uma pessoa de sucesso.

Quando ele retomou a conversa, seu tom de voz era mais sério.

- Existe mais uma coisa que quero fazer antes de morrer, e eu quero sua ajuda.

Não esperou resposta, apontou para um jornal sobre a cômoda.

- Traga aquela folha para cá, por favor.

Curiosa, ela pegou o jornal e entregou-o para o avô.

Ele folheou-o rapidamente, parou e tirou

uma das páginas. Dobrando-a cuidadosamente, mostrou-lhe aguardando esperançosamente enquanto ela lia.

ECLIPSE SOLAR TOTAL NO SUL DA AUSTRÁLIA

No dia 04 de Dezembro de 2002, daqui a três semanas, a tranqüila cidade costeira de Ceduna, na Austrália, receberá aproximadamente 20 000 visitantes de todos os lugares do mundo para assistir, após 26 anos, ao Eclipse Total do Sol. O eclipse parcial terá duração de aproximadamente duas horas e o eclipse total será apenas de 33 segundos.

Quando o Sol estiver totalmente coberto, os observadores poderão ver a corona ou atmosfera exterior e o relevo na borda do disco solar que parecem laços...

- Como é que eu posso te ajudar?

- Eu tentei, por quatro vezes, ver um eclipse total e todas as vezes algumas nuvens impediram a visualização.

Apontando o artigo, ele disse:

- Essa é minha última chance e dessa vez não pretendo perdê-la.

- Mas, você está doente, vovô! Você não pode sair daqui agora! Você tem que ficar aqui até ficar melhor - ela protestou, indignada.

- Eu não estou melhorando, Sarah. Nós sabemos disso - disse calmamente.

Sarah olhou para ele e percebeu uma lágrima rolando em seu rosto deprimido. Ela sabia que ele estava sendo sincero, então fechou os olhos e balançou a cabeça, concordando.

Colocando o corpo mais ereto, ele disse:

- Eu quero que você venha comigo, Sarah. Eu quero mais uma grande aventura antes de morrer e quero dividi-la com você.

Ele estendeu mão e disse:

- Venha comigo!

- E quanto a sua doença? - ela questionou. - Se eu tirar você daqui, você poderá piorar!

Sabendo como ela se sentia mal em lugares como aquele, ele fez um gesto de desprezo.

- Pior do que isto? Pior que esta meia vida? Este não é um lugar para se viver. Aqui eu meramente espero a morte chegar! Quero dormir sob um céu aberto e olhar as estrelas. Eu quero poder caminhar sob o sol e o céu por horas e ouvir apenas o vento nas árvores. Esses sábios doutores e suas drogas podem ser capazes de me manter vivo por mais tempo aqui, mas não é o que eu quero. Eu quero viver até morrer.

Apontando o telefone que estava ao seu lado, disse:

- Aluguei um carro e organizei todos os detalhes. Já cuidei de tudo. Tudo o que temos a fazer é partir.

Vendo que ela hesitava, ele repetiu:

- Não é o quanto, mas como vivemos, Sarah.

Desesperada, entre o desejo de ajudar seu avô e a responsabilidade profissional, se levantou e falou agitadamente:

- Eu não posso decidir agora. Tenho que consultar papai.

Com um sorriso torcido, ele balançou a cabeça amargurado.

- Você sabe que seu pai nunca conseguiu entender o que realmente era importante na vida. Eu nunca consegui fazê-lo entender que mesmo sendo necessário o dinheiro, o importante é como se vive. Eu o levei para todas as partes do mundo quando ele era criança, mas tudo o que ele via é que as outras crianças tinham brinquedos e casas melhores.

- Sei que, de certo modo, ele quer lhe dar aquilo que não teve enquanto criança, mas se você continuar deixando que ele tome decisões para sua vida, então você nunca será capaz de viver. Você acabou de sair da universidade, Sarah. Você deve fazer aquilo que você quer fazer.

Vendo-a se colocar na defensiva, ele finalizou:

- Eu vi isso acontecer com seus irmãos, não quero que o mesmo aconteça com você.

Sarah balançou a cabeça com raiva.

- Não! Eu tomo as minhas próprias decisões! Eu escolho onde quero estar. Esse novo emprego é uma ótima oportunidade.

- Parece o meu filho falando - disse pegando sua mão. - O que aconteceu com aquela menina que queria viajar pelo mundo para ser fotógrafa do National Geographic? Por que parou de fotografar, Sarah? Você adorava fazer isso.

Ela puxou sua mão e levantou-se.

- Olhe, sinto muito, vovô. Mesmo que eu quisesse, eu não poderia. Eu tenho um trabalho extra para fazer: um membro do meu grupo ficou doente e eu tenho que terminar tudo até o fim da próxima semana. Sinto muito, mas não posso largar o meu trabalho para ir com você. Eu tenho responsabilidades.

Levantando-se antes que ele pudesse dizer algo a mais, ela lhe deu um pequeno beijo no rosto e se dirigiu à pórta.

Joseph se inclinou desajeitadamente, chamando-a com voz rouca, entrecortada:

- Sarah!

Ela parou por um momento sem olhar para atrás, então negando com a cabeça, saiu pela porta.

Com lágrimas nos olhos, frustrado, deitou-se murmurando:

- Droga!

Três dias mais tarde, quando Sarah finalmente tomou coragem para indagar seu pai sobre os planos de seu avô, fechou os olhos enquanto ele gritava ao telefone:

- Eu terminantemente proíbo! Eu te recomendei para esse emprego. Se você abandoná-lo por uma viagem tola irá refletir em mim.

Seu pai esbravejou por mais de quinze minutos até que Sarah finalmente o cortou dizendo que tinha que terminar um trabalho que havia trazido para casa. Concordando com essa demonstração de responsabilidade, ele se acalmou e se despediu com uma breve advertência de que trabalhasse bastante.

Ela desligou o telefone, sentou-se pesadamente no sofá e começou a separar suas correspondências. Entre as contas havia uma nota de sua vizinha dizendo que estava com um pacote que lhe foi confiado. Sarah foi buscá-lo e o trouxe para seu apartamento. Sua curiosidade aumentou quando viu que não havia remetente. Cuidadosamente retirou o papel marrom que cobria uma caixa de papelão simples.

Para sua surpresa, era o diário de seu avô envolto em um pano macio juntamente com uma ótima máquina fotográfica e outros acessórios. Embaixo de todos esses itens havia um bilhete com letra de outra pessoa.

Querida Sarah,

Poucas coisas na vida são absolutamente verdadeiras, mas uma delas eu aprendi: o tempo que gastamos nunca pode ser resgatado.

Todos nós temos apenas uma vida e gastá-la em qualquer coisa que não seja a nossa verdadeira paixão é uma grande tragédia.

Quero lhe entregar meu diário. Neste momento, você precisa dele mais que eu. Não desconsidere nenhuma palavra, pois todas foram escritas a um preço muito alto para serem ignoradas.

Cada um de nós devemos pensar por nós mesmos e tomar nossas próprias decisões.

Com amor.

Seu avô.

Deixando a carta de lado, Sarah cuidadosamente desembrulhou o precioso diário. Ela sabia o quanto significava para o seu avô. Ninguém da família havia lido. Ele sempre dizia que crianças não poderiam tocá-lo porque era frágil, mas Sarah sabia que nem os adultos tinham permissão.

Sarah cuidadosamente abriu o velho diário com medo de que ele se desmanchasse em suas mãos. Havia muitas marcas e cortes na capa de couro. Nos vincos, ainda podia ver um pouco de poeira. Parecia que o diário era tão velho quanto seu avô. Quando Sarah o abriu, fez um pequeno ruído como se estivesse protestando, as letras da primeira página estavam quase desaparecendo, inclusive parcialmente manchadas com sangue seco. Sarah arrepiou-se.

Relutou, até finalmente ler:

Quando eu era jovem pensei em várias coisas:

Pensava que precisava de liberdade,
Mas foi dito que eu precisava de direção.

Pensava que poderia tomar minhas próprias decisões,
Mas foi dito que eu tinha obrigações.

Pensava que poderia seguir o meu sonho,
Mas foi dito que eu deveria seguir as regras.

Quando eu era jovem pensei em várias coisas:

Mas agora eu sou mais velho e
todos os meus sonhos se foram.

Sarah notou que o poema estava escrito em um pedaço de papel separado, diferente do papel do diário, e se perguntava onde seu avô o teria conseguido.

Abraçando-o contra o peito, deitou-se no sofá, pensando no que deveria fazer.

*

O dia estava escuro com nuvens carregadas e trovoando. Sarah resolveu voltar ao asilo. Na porta do quarto, parou por um segundo tentando adivinhar o que havia de diferente: as fotos haviam desaparecido. Em cima da cômoda havia um grande envelope que parecia estourar.

- Se você veio aqui para me devolver isso, está perdendo o seu tempo. - Austero, seu avô disse apontando o diário debaixo de seu braço.

Sentando-se ao seu lado, Sarah balançou a cabeça.

- Não, vovô. Quero ficar com isto. Notei que a primeira página não é do mesmo papel do diário e eu estava me perguntando onde você o adquiriu.

Fechando os olhos, ele resumiu as penosas lembranças do passado. O som da chuva pesada batendo na vidraça o remeteu ao campo de batalha. No meio da densa vegetação que crescia, ele e o sargento lutavam para chegar à base. No encalço, vinham os soldados inimigos procurando pelos dois que haviam resistido à posição inimiga.

- Estamos quase lá - gritou o sargento sob o som caótico do campo de batalha. Adiante, os companheiros gritavam encorajando-os a chegar em segurança.

Estavam certos de que iriam conseguir quando o sargento girou pelo impacto de uma bala que o atingira do lado esquerdo das costas. Todos gritaram furiosos; imediatamente, o jovem jogou-se ao lado do sargento enquanto acontecia o contra-ataque. As balas voavam e zuniam acima de suas cabeças.

Só tranqüilizou-se quando o sargento abriu os olhos, porém o sangue se espalhava pelo peito.

- Pegue isto... - sussurrou o sargento gemendo, pegando do bolso o caderno com as informações da missão de reconhecimento.

- Vá! - ele ordenou debilmente, antes de perder a consciência por causa da dor e pela perda de sangue.

O jovem fechou seus olhos com força. As lágrimas silenciosas escorreram pela sua face e caíram sobre a figura inerte do sargento. Arrastando-se na lama, ele puxou seu amigo para dentro da fossa que eles haviam cavado. Um médico correu ao seu encontro, mas logo viu que não havia nada a ser feito. Ele apertou o braço do jovem para confortá-lo e depois os deixou a sós por alguns minutos.

O choro silencioso e compulsivo tomou conta do jovem soldado. Quando se recompôs, começou a folhear o caderno que lhe fora dado e encontrou na última página uma mensagem. Assim que percebeu o tenente se aproximando arrancou rapidamente aquela página e a enfiou no bolso da própria jaqueta, entregando o caderno e prestando seu depoimento.

Mais tarde, à noite, ele colou a preciosa folha no diário com capa de couro com a promessa de nunca se esquecer do amigo. Dois meses mais tarde, a guerra chegou ao fim.

- Ganhei de um velho amigo - seu avô disse, de volta ao presente, com os olhos brilhando de emoção.

- O homem que escreveu essas palavras morreu sem que eu pudesse conhecê-lo melhor. O que eu sei sobre ele é que durante toda a vida nunca seguiu seu próprio caminho. Ele sempre fez o que lhe foi imposto. Ele serviu sua pátria e fez todas as suas obrigações. Fez tudo o que era esperado de si, mas nunca tomou suas próprias decisões. Nunca tentou realizar seus próprios sonhos. - sussurando, Joseph completou:

- Ele nunca seguiu o coração, e morreu sendo admi-rado por estranhos por sua bravura e senso de dever, mas foi lamentado pelos amigos por não ter conseguido ter uma vida feliz.

Inevitavelmente, Sarah comparou com sua vida e pela centésima vez pensou sobre o que deveria fazer. Seu senso de obrigação para com os desejos de seu pai sempre foi muito forte, mas percebia sua própria vontade ser consumida a cada dia. Sempre esteve certa de seus sonhos e ambições, porém agora que podia torná-los realidade, ela se via enfrentando um futuro totalmente diferente do que havia planejado.

Sarah escondeu seu rosto entre as mãos soltando um gemido. Ela sabia o que queria fazer. O que a confundia era confrontar sua opinião com a de seu pai.

Ela levantou os olhos para o seu avô enquanto ele lhe tomava as mãos, dizendo:

- Dentro de cada um de nós mora o poder de decisões. Ninguém pode nos dizer como devemos viver, a não ser que nós lhe demos esse poder, mas, mesmo assim, podemos recorrer a essa decisão.

Suspirando fortemente, Sarah perguntou:

- Como foi que você conseguiu? Quando foi que você fez a escolha de viver a própria vida?

Joseph sentou-se silenciosamente por alguns minutos antes de responder.

- Foi quando eu voltei para casa após a guerra. Eu passei os primeiros dias envolvido com a família e os amigos. Minha mãe começou a convidar para o jantar propensas noras e meu pai anunciou que havia assegurado um trabalho para mim na mina local.

Acariciando o diário levemente com os dedos, ele disse:

- Eu saí de casa como um garoto inocente, mas após testemunhar as mortes de tantos amigos eu aprendi que a vida era frágil e preciosa, não poderia suportar a vida que me fora imposta. Eu sabia que iria me arrepender no futuro. Ficaria cheio de remorsos por nunca ter tentado fazer qualquer coisa extraordinária. Por nunca ter me atrevido a viver meus sonhos. Eu parti na manhã seguinte sem saber para onde, apenas sabendo que tinha que partir.

Imaginando a coragem de tal decisão, Sarah balançou a cabeça com admiração. Levantou-se, abruptamente, apalpou as têmporas, e disse:

- Eu não consigo pensar com clareza - respirou profundamente, e se abaixou para beijar seu avô no rosto. - Voltarei amanhã. Vou pensar um pouco sobre tudo.

- Não se esqueça disso.

Sarah percebeu que havia deixado o diário na mesa ao lado da cama. Sorrindo, ela o pegou e o colocou debaixo do braço saindo devagarzinho.

A luz fluorescente piscava incessantemente sobre as paredes vazias, Joseph suspirou profundamente e, antes de cair no sono, pensou no sargento e nas transformações que ele tinha causado em sua vida.

Como de costume, acordou antes do amanhecer e se surpreendeu ao ver sua neta sentada numa cadeira. Vendo-o acordado, ela respirou profundamente e disse:

- Tudo bem. Vamos!

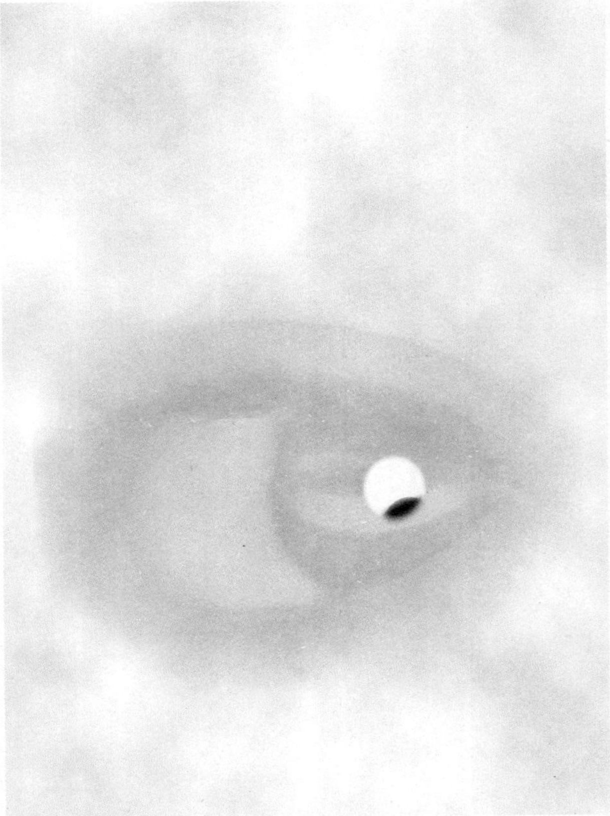

2

Enquanto seu avô argumentava com o médico a respeito de sua alta, Sarah tratou de ir à casa dele para buscar as coisas que havia listado para a viagem. Ele vivia em uma casa antiga, mas bem conservada e valiosa em Palm Beach, a cinco minutos ao norte da cidade de Cairns.

Hoje em dia, a área se transformou quase em um balneário, mas ainda se pode ver algumas antigas moradias mantendo-se intactas, apesar das tentativas dos corretores.

Com uma larga varanda de frente à praia, era possível visualizar a água límpida e vários barcos de turistas em busca de aventura e divertimento no Grande Recife Barrier. As janelas amplas permitiam a brisa fresca do oceano entrar por toda a casa durante os meses mais úmidos, deixando-a iluminada e ventilada.

Sarah deixou seu carro estacionado atrás da casa e tomou um táxi para buscar o carro que seu avô havia alugado para a grande aventura. Ela ficou surpresa ao descobrir que era uma caminhonete cabine dupla. Verificou se todo o equipamento de camping que seu avô havia organizado estava em ordem e dentro dela.

Olhou com receio para o grande e forte veículo. Sua preocupação era pelo fato de só ter dirigido carros menores e automáticos. Entrou no carro e olhou para o segundo câmbio de marchas.

- Que diabo devo fazer com isso aqui? - murmurou consigo.

Decidiu ignorá-lo e tentou manobrar para sair do estacionamento. O carro saltou para frente, falhou e morreu.

- Embreagem...

Lembrou-se das aulas de direção que havia aprendido. Sorriu constrangida ao perceber que estava sendo observada apreensivamente pelo atendente.

Conseguiu chegar ao asilo sem maiores incidentes e encontrou seu avô, ainda, discutindo com o médico.

- Eu decidirei o que é melhor para a minha vida! Não há nada que vocês possam fazer para reverter esse quadro. Para que ficar aqui? Os medicamentos não podem fazer nada mais do que me deixar dopado. Prefiro viver bem por alguns meses a morrer naquela cama sentindo-me doente e sabendo que a morte me espera em um ano. O que você faria numa situação dessa? - perguntou melancolicamente.

O médico finalmente concordou resignado. Passou um medicamento e, com cautela, lhe disse:

- Quero que tome isso duas vezes ao dia, Sr. Williams.

Vendo o seu olhar de teimosia o médico arrematou:

- Não quero ouvir mais nenhuma objeção! Não são tão potentes como os que você estava tomando, portanto não sentirá os mesmos efeitos colaterais. Vou lhe receitar um analgésico também, caso você precise - disse ele com voz mais suave.

O doutor desejou a Joseph boa sorte, balançando a cabeça com compaixão. Saiu para atender a outros doentes.

Assim que o médico saiu, ele se virou para Sarah com um sorriso enorme e disse, excitadamente:

- Vamos nos mandar!

Ela balançou a cabeça e disse firmemente:

- Só iremos depois de providenciarmos todos os medicamentos.

Ele suspirou resignado.

Ela olhou para uma enfermeira que sorria atrás dele e deu-lhe uma piscadela.

No estacionamento, o avô olhou para a camionete entusiasticamente.

- Isso é perfeito. Eu tive um Toyota exatamente como este alguns anos atrás - entrando do lado do passageiro, ele completou:

- Vamos tomar o café da manhã enquanto planejamos a nossa viagem. Não sei o que é um bom café da manhã há muito tempo. Seis meses para ser mais exato.

- Vamos lá, então! - disse imperativo quando viu que ela não se apressava. - Não sou tão jovem assim, sabia?

- Só espero que mantenha essa animação toda, velhinho - Sarah murmurou baixinho. - Com essa animação toda, você é capaz de ir a pé para o sul da Austrália.

Feito o desjejum, planejaram a viagem fazendo anotações no mapa.

- Temos mais ou menos umas três semanas antes do eclipse, então eu estava pensando que poderíamos parar em vários lugares antes de chegarmos lá. Que acha? - perguntou-lhe o avô.

Sarah concordou entusiasticamente dizendo:

- Com certeza! Não conheço muito a Austrália. Sempre estudei e trabalhei em Cairns.

- Feito! - ele apontou o mapa. - Acho que deveríamos começar viajando a oeste do território norte para visitarmos o parque nacional de Kakadu, e depois passarmos pelo Ayers Rock, antes de chegarmos a Ceduna. Tudo bem?

- É claro, por que não?

- Bem, é você que vai estar dirigindo.

- O quê? - protestou Sarah. - E você?

- Eu? - perguntou ele, inocentemente. - Sinto muito. Não vai dar. Estou medicado, entende? - disse com ironia.

- Mas eu nunca dirigi uma camionete e nem

tão pouco dirigi um carro em estrada de terra antes! - protestou.

- Então você terá que aprender, não é? - deulhe um sorriso acariciando sua mão. - Não se preocupe, querida. Vai dar tudo certo.

Dobrando o mapa, ele levantou apoiandose e disse:

- Temos um longo caminho pela frente, querida. Vamos começar?

Sarah sorriu ao ver o brilho de seus olhos. Então, tomando o braço que ele lhe oferecia, disse:

- Por que não?

*

No primeiro dia, Sarah teve dificuldades em dirigir aquele veículo.

Enquanto ela dirigia pela estrada vazia, seu avô a distraía falando sobre a viagem e as aventuras que ele havia feito antes dela nascer. Sarah chegou a sentir uma pequena inveja pela vida fascinante do avô. Parecia que ele tinha se aventurado por todos os lugares.

Quando ela comentou sobre esse fato, ele perguntou:

- Por que você não pode fazer o mesmo?

- O mundo mudou, tudo está mais complicado comparado ao seu tempo, vovô - ela replicou.

- Besteira! - respondeu ele rapidamente. A única coisa que mudou é que hoje as pessoas criam desculpas mais extravagantes para não realizarem o que desejam viver.

Ele olhou pela janela por um tempo e pensou sobre o que ela havia dito.

- Quando eu comecei a viajar, as pessoas diziam exatamente a mesma coisa. Do mesmo jeito que hoje as pessoas falam sobre o medo. O simples fato de uma mudança já parecia demais para elas. Elas se acomodavam na vida em que viviam, até mesmo com as coisas que elas não gostavam. Uma vida infeliz que eles conheciam era menos temerosa que correr riscos para encontrar um futuro melhor. Muitas vezes, as pessoas que eu conhecia me diziam que desejavam vir comigo. Eu dizia que não havia problema. Eu não me considerava um caso especial.

Eu não me sentia diferente delas, mas quando chegava a hora delas agirem, acabavam desistindo. Não estou dizendo que eu as menosprezava por isso. Elas só não estavam prontas para mudar seus padrões de vida.

Suspirando baixinho, ele a olhou com tristeza.

- O problema era que muitas dessas pessoas não agüentavam seus trabalhos. O medo do desconhecido fazia com que se enraizassem.

- Não é tão simples assim - protestou Sarah. - A maioria das pessoas não podem simplesmente abandonar seus empregos por puro capricho.

- É claro que não podem! - concordou seu avô. - Mas se você vai passar a metade de sua vida trabalhando, por que trabalhar em algo que você não gosta ou não encontra nenhuma satisfação em fazer? - perguntou-lhe inconformado.

- Por muitas vezes, eu conversei com meus amigos tentando fazê-los entender que é preciso trabalhar, então é necessário fazer o que você ama. Algo que lhe dê satisfação.

- Mas muitas pessoas não têm habilidade para fazer essa mudança - replicou Sarah.

- Então o que as impede de conseguir essas habilidades? - perguntou-lhe o avô fazendo um encadeamento:

- Nada! Se você tivesse que estudar à noite por cinco anos para chegar aonde você gostaria, você não o faria? Em cinco anos você poderia estar trabalhando no emprego desejado ou vivendo a vida dos seus sonhos. É claro que não existem garantias que fazem com que as pessoas desistam. Mas o que se tem a perder? Se você não fizer nada, simplesmente estará onde se encontrava cinco anos atrás.

Sarah havia esgotado suas argumentações. Ela sorriu desconsertada ao perceber uma trajetória similar com a sua própria vida e estava absorta em seus pensamentos quando seu avô falou:

- Não devemos temer mudanças, pois a vida é definida por mudanças. Ao invés disso, devemos temer por nunca termos tentado.

O sol descia preguiçoso no horizonte, decidiram, então, acampar a uma certa distância fora da estrada, onde o barulho ensurdecedor do trânsito não os perturbaria. Enquanto Joseph fazia uma fogueira com alguns galhos secos para preparar a comida, a neta armava as barracas.

Ele estava chocado por estar sentindo os efeitos colaterais dos medicamentos. Sentou-se, tremendo e suando pelo esforço de descarregar o equipamento necessário para cozinhar. Felizmente, Sarah estava ocupada e não notou nada. Assim que se aproximou do avô, ele ainda estava cozinhando, mas já havia se recomposto.

Ao terminar de jantar, Joseph disse a Sarah que ele iria se recolher mais cedo. Não queria que ela percebesse o quanto havia se cansado. Levantou-se e sugeriu que ela ficasse acordada e olhasse as estrelas assim que o fogo se extinguisse.

- Você não irá se arrepender. Tenho certeza de que você nunca viu algo parecido - beijou-lhe a testa e desejou-lhe boa noite.

Por um longo tempo, Sarah ficou olhando fixamente para o hipnótico fogo pensando sobre tudo que haviam dito durante o dia. Pegou o diário do avô e jogou mais alguns galhos ao fogo para poder ter mais claridade. Folheando o velho diário, encontrou uma palavra que chamou sua atenção.

Impresso no topo da página estava a palavra "Machhapuchhare" seguida do ano, 1957.

Ao começar a ler, Sarah percebeu que se tratava do registro de uma tentativa de escalar a montanha no Nepal, e logo ela se transportou para aquele lugar.

Machhapuchhare, 1957

"Rápido! Não vou conseguir segurar por muito tempo."

Uma tempestade furiosa, com ventos uivantes, apareceu do nada. Todo aquele gelo à minha volta abafava os meus gritos desesperados.

Meu companheiro, que estava abaixo, a 15 metros de altura, mal conseguia me ouvir.

Com câibras nos dedos das mãos, cansado e lutando contra a dor dos cortes e das queimaduras, quase fui arremessado pelo vento precipício abaixo ao tentar visualizar meu companheiro que tentava se agarrar às rochas.

Acampados por cinco meses, eu e mais cinco amigos já estávamos adaptados ao ar rarefeito do pico de Machhapuchhare, considerada por muitos a montanha mais bela do Nepal. Não era a maior montanha da re-

gião, alcançava apenas 7000 metros. Mesmo assim, o governo do Nepal nunca tinha expedido uma permissão para escalá-la e se mostrara relutante em fazê-la para nós. Era uma oportunidade rara de sermos os primeiros a escalá-la, e, agora, tão próximos do topo, parecia que a oportunidade nos escapava.

A tensão da corda diminuiu e pude ver, com alívio, que meu companheiro estava a salvo. Eu me ajoelhei com exaustão. Um minuto parecia uma eternidade. Eu respirava irregularmente tentando me recompor. A elevação e o frio roubavam minhas forças rapidamente. Olhando para cima, através da tempestade, eu conseguia avistar o topo que ficava a apenas 45 metros. Nunca conseguiríamos chegar ao topo sob tais condições: a montanha havia nos vencido. Tentar seria perder nossas vidas. Precisávamos de todos os segundos possíveis para retornar à segurança do nosso acampamento antes que a verdadeira fúria da tempestade caísse sobre nós.

Meu companheiro conseguiu chegar com segurança a uma cavidade para se recuperar do choque de quase ter despencado. Ele me deu um sorriso torto. Nada precisava ser dito. Ele também havia me salvado de várias situações de queda.

Fizemos uma rápida reunião e decidimos voltar

pelo caminho conhecido. Levaríamos mais tempo, porém seria mais seguro. Demos uma última olhada para o topo da montanha e, conformados, iniciamos a longa marcha de volta ao acampamento.

Com a escuridão veio um novo perigo. Não apenas teríamos a preocupação de pisar em falso e cair, mas também teríamos que tentar achar o acampamento dentro da cortina branca da tempestade. Nós vagávamos pela escuridão chamando nossos amigos na esperança de que nos ouvissem para nos guiarmos.

O desespero aumentava e parecia que iríamos congelar de frio. A impressão que tínhamos era de estarmos distante do acampamento, quando algo me fez tropeçar e cair de cara na neve.

Estendido no chão gelado, uma agradável sensação tomou conta do meu corpo. Virando-me bruscamente, meu parceiro agarrou meus cabelos, levantou minha cabeça dolorosamente e me estapeou. Meus olhos lacrimejaram com a dor ardida do tapa e o frio voltou a me consumir.

"Puxa vida!" - esbravejei esfregando meu rosto. "Você não tinha que bater com tanta força."

Ele sorriu dizendo:

"Mais tarde você irá me agradecer. Olhe!" Ele apontou para o que me havia me feito tropeçar.

Nós havíamos amarrado cabos de uma tenda a outra para que não nos perdêssemos caso a temperatura estivesse muito baixa.

Com um alívio incontrolável, eu ria e prometi. "Vou te dar um grande beijo molhado quando voltarmos." Ele colocou o punho perto do meu nariz ameaçando-me. Rimos e, seguindo o cabo, começamos a gritar para que todos soubessem que estávamos seguros.

*

Ao acordarmos, a tempestade continuava. Não havia mais nada a fazer, a não ser encostar na armação da tenda para que a força do vento não a arrancasse.

Enquanto a tempestade mostrava sua força lá fora, conversamos sobre muitas coisas, fazendo com que ficássemos mais introspectivos à medida que os dias iam passando. "Não consigo acreditar que falhamos." Falei suspirando com frustração. Era a minha primeira montanha e há dois meses eu vinha sonhando em subir ao topo e ver o mundo que se estendia aos meus pés. Francis era um alpinista experiente e havia compartilhado comigo as últimas semanas. Ele me olhou com compreensão e me corrigiu: "Sempre haverá algumas coisas além das suas habilidades para serem conquistadas. Você só terá falhado quando você não tentar. Se você não tentar nada, você não conseguirá nada. Melhor tentar e falhar do que saber que você teve medo de tentar." Ficando em silêncio por algum tempo, eu digeri aquelas palavras percebendo que nelas havia profundidade. Ele olhou para cima como se tentasse olhar através do teto do acampamento, além da selvagem tempestade. Na tentativa de vislumbrar as estrelas acima, disse: "Algumas pessoas passam a vida toda sem ao menos tentar qualquer coisa porque temem fracassar. Eles não compreendem que a covardia os limita, os sufoca."

Satisfeito com aquelas palavras, ele fechou os olhos e caiu no sono escorado na tenda. Perplexo, eu o olhei por alguns instantes.

Peguei o meu diário e anotei os pensamentos que haviam me tocado. Naquela imensa solidão, meditei sobre a vida e o quanto vivemos entediados. Sob a luz frágil da vela, tentei captar a essência da situação em que nós nos colocamos. No final, quando vier o amanhã será um dia tarde demais.

Quando vier o amanhã...

Quando vier o Amanhã

Serei uma pessoa melhor e
ficarei mais tempo com meus filhos e
colocarei minha família antes do meu trabalho.

Comerei menos porcaria e
começarei a me exercitar como sempre achei necessário.
Ficarei menos tempo fora de casa com meus amigos
e mais tempo conversando com minha esposa.

Farei força para telefonar para meus avós e
aprenderei a ter mais paciência com os outros.
Finalmente desistirei de fumar e
beberei menos.

Aprenderei a voar como eu sempre desejei e
descobrirei que tudo é possível
se eu trabalhar com afinco para fazer
com que meus sonhos se tornem reais.

Ajudarei o próximo
fazendo com que o mundo se torne um lugar melhor.

Só direi a verdade,
mesmo que me custe algo, porque é o melhor a ser feito.

Hoje tenho muitas contas para pagar,
tenho muito trabalho atrasado para terminar.
Hoje as crianças não se têm comportado e
necessito de um cigarro para me acalmar.
Hoje eu simplesmente não tenho tempo.

Mas quando vier o amanhã,
farei todas as coisas que desejar e tudo será melhor.
Amanhã arrumarei tempo para fazer tudo acontecer,
porque no fundo eu sei que se eu não fizer agora
nada irá acontecer,
porque o amanhã nunca virá.

Mas não hoje.

Ao fechar o diário, Sarah olhou para a fogueira até as chamas extinguirem. Lembrando-se do conselho de seu avô, ela olhou para o céu contemplando as estrelas.

Do seu apartamento, no centro de Cairns, as luzes da cidade ofuscavam todas as estrelas, com exceção das mais brilhantes. Aliás, mesmo que elas não tivessem ofuscadas, nunca as teria visto, como muitos que só focalizam aquilo que está à frente. Nunca havia lhe ocorrido que era apenas inclinar a cabeça para trás e levantar os olhos para o céu.

Enquanto ela olhava para a grande cortina de estrelas que parecia dividir o céu em dois, refletiu sobre o recente fascínio pelo mundo e que o havia perdido com tão pouca idade.

Aqui ela conseguiu compreender o verdadeiro significado da palavra Via Láctea. As estrelas eram tão densas que parecia poder estender a mão e tocá-las. Figuras magníficas formavam-se no céu, mas desapareciam no momento em que ela as olhava diretamente. Ela decidiu comprar um par de binóculos na próxima cidade para desvendar esses mistérios.

O que mais a surpreendia eram as cores. Ela sempre imaginou que as estrelas eram simplesmente brancas, mas aqui, em céu aberto, longe das luzes e da poluição da cidade, ela viu que eram vermelhas e laranjas. Algumas eram até vagamente azuis e verdes.

Sarah estava tão absorta com tudo que ela se surpreendeu quando o céu no leste começou a clarear anunciando um novo dia.

- Você passou a noite toda aqui fora? - seu avô perguntou-lhe, remexendo o resto do fogo enquanto se sentava.

Ao ouvir sua resposta sorriu com deleite:

- Eu sabia que esse tipo de coisa estava em suas veias. Foi a mesma coisa comigo. No momento em que você consegue sentir o gostinho disso você nunca mais quer ir embora. Por que você não tira uma soneca antes do café? É uma longa estirada até Kakadu e vamos atravessar um pedaço do país muito difícil até chegar lá.

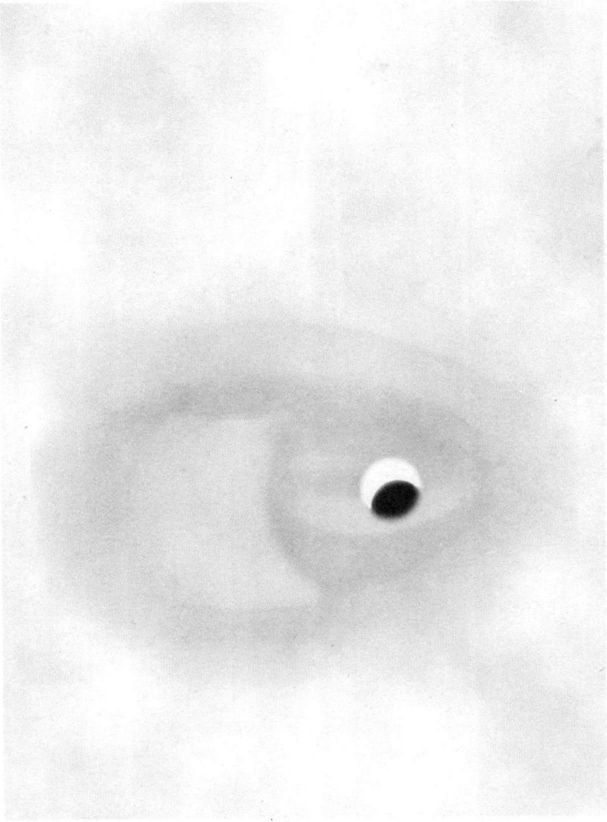

3

A dor aumentava a cada dia e, por conta própria, Joseph dobrou a dosagem do medicamento. Ele sabia que estava morrendo mais rápido fora do hospital.

Eles passaram quatro dias explorando Kakadu, descobriram muitos pontos incríveis e aprenderam muito sobre a cultura do povo aborígine. Sarah fez bom uso da câmara digital e conseguiu guardar todas as fotos em cartões de memória.

Após superar os seus temores, tornou-se, também, uma excelente motorista de estrada de terra. Por brincadeira e desafio, enfiava o veículo por riachos e caminhos tortuosos com um sorriso cada vez maior à medida que os obstáculos aumentavam.

Apesar de tudo que fizeram, exploraram

apenas uma pequena parte do parque que tinha uma área de 20 000 quilômetros quadrados. Por fim, desistiram de explorar pelo pequeno tempo que lhes restava para chegar à Ceduna antes do eclipse.

Antes de deixar o parque, Sarah deu uma última olhada e prometeu que iria retornar um dia.

Joseph tentava entrar no veículo quando foi apunhalado pela dor. Tentou agarrar a maçaneta do carro para se proteger da queda, mas foi inevitável, espalhando, pela terra vermelha, todo analgésico do frasco que estava em sua mão.

- Vovô? Você está bem? - Sarah chamou preocupada da outra porta da camionete.

Compondo-se, enquanto ela ia em sua direção, ele lhe deu um sorriso.

- Eu estou bem. Meus dedos é que não são tão firmes como costumavam ser.

Inclinando-se para pegar o medicamento e ignorando a dor que fazia com que suas entranhas virassem, disse:

- Vamos embora! Quero chegar em Ayers Rock até amanhã à noite para que possamos ver o nascer do sol irradiando contra as rochas.

Ergueu-se respirando meio trêmulo, limpando o suor sujo do seu rosto com a manga da camisa.

- Agüente só um pouco mais, cara! - disse consigo. - Só mais um pouquinho."

*

A árida terra vermelha e plana se estendia em todas as direções; vez ou outra, avistavam algumas plantas do deserto. Apesar do barulho do motor do carro, Sarah perguntou:

- Qual foi o primeiro lugar para onde você viajou, vovô? Qual o lugar onde você permaneceu por mais dias?

Fechando os olhos, ele sorriu à medida que as lembranças do passado começavam a chegar.

Uma das coisas que o deixava feliz era que a sua memória estava intacta. Ele podia se lembrar da maioria dos fatos de sua vida. Rindo, silenciosamente, ele admitiu que talvez esse não fosse o caso, ele poderia não se lembrar das coisas que já teria esquecido. Apesar da dor, que já era sua antiga companheira, ele ainda conseguia ser engraçado:

- Não sei se vou te contar...

Quando ele abriu os olhos, a região seca e vermelha com um céu azul havia dado lugar a uma região gelada e nevada. As nuvens carregadas e o vento gelado roubavam o calor de todas as partes do corpo. Icebergs do tamanho de castelos colidiam em um mar semi-congelado. Alguns quilômetros à frente, uma geleira que avançava para o mar emanava uma friagem que queimava a pele.

A noite estava clara. As estrelas brilhavam com uma intensidade muito forte. Isso ocorria sempre, exceto quando o céu ficava encoberto pela Aurora Boreal.

Joseph contou a Sarah sobre a sua primeira viagem para a ilha de Ellesmere, uma ilha no nordeste do Canadá, no Oceano Ártico, separada da Groelândia por uma estreita passagem.

Ele escreveu sobre as aventuras naquele território selvagem e gelado.

Sorriu ao notar que se arrepiava só em lembrar-se da viagem.

Falou por quase uma hora, mas teve que se conter por estar falando muito alto por causa do barulho do motor do carro.

- Você poderá ler mais a respeito dessa viagem no diário, muito mais do que eu consegui contar - porém avisou:

- Tome cuidado! Após conhecê-la, poderá nunca mais querer voltar.

Imaginando como tal lugar deveria ser, Sarah estava ansiosa pela chegada da noite para que pudesse ler mais sobre as experiências de seu avô.

Ela sentia uma grande satisfação ao ler suas aventuras naquele diário. Fazia com que ela se sentisse mais próxima dele que do seu próprio pai.

As mensagens ali escritas faziam com que ela refletisse sobre sua vida e seu futuro.

Naquela noite, ela serviu a sua última grande invenção culinária.

Cauteloso, cheirou a refeição antes de colocá-la na boca. Embora estivesse disposto a admitir que sua neta havia adquirido várias habilidades nessa rude região da Austrália, ela não havia tido nenhum progresso culinário.

- O que é isso?

Olhando para ele com arrogância, ela disse:

- Experimente! Tenho certeza de que irá

gostar.

Com suspeitas, ele indagou:

- Você´experimentou isso durante o cozimento?

- Não foi necessário - replicou ela com um tom superior. - Eu já sabia como seria o gosto mesmo antes de ter começado.

Olhando-o com falsa bronca, ela acrescentou:

- Comerei rápido para que você não tenha tempo de repetir.

Suspirando, resignado, encheu a boca e mastigou. Controlando-se para não cuspir tudo, engoliu aquilo com a ajuda de pelo menos meio litro de água.

- Ah, vamos lá! - protestou Sarah. - Não pode estar tão ruim assim. Homens são tão mimados!

Enchendo a boca de comida, mastigou por uns cinco segundos, desistiu e cuspiu no fogo. Ele riu tanto que teve que segurar os lados. Ofegante e limpando a face das lágrimas, disse:

- Eu te falei.

Fazendo cara de magoada, ela também não

se conteve e riu dizendo:

- Talvez eu deva experimentar durante o cozimento. Realmente tinha um gosto único, não?

Joseph levantou-se e abraçou com afeição sua neta.

- Muito obrigado, Sarah. Eu não ria tanto desde a morte de sua avó.

Colocando o prato de comida no chão, ela o abraçou fortemente, não contendo as lágrimas. Desejava ter conhecido esse homem quando ele era mais jovem.

- Não chore... - murmurou ele - Você me deu esse presente precioso. Você me ajudou a ser livre novamente. Vamos aproveitar essa viagem até o final.

Pegando uma comida enlatada, Joseph acrescentou:

- Acho que vou cozinhar isso se você não se importar.

Terminando de limpar as lágrimas, ela sorriu e admitiu:

- Não me parece uma má idéia.

Mais tarde, sentada sozinha perto do fogo, as lágrimas voltaram incontroláveis. Tentando se conter, ela buscou o conforto nas aventuras e nas mensagens do diário. Abriu uma página aleatoriamente e se deparou com um verso. Não imaginava como havia parado ali e quem o havia escrito, apenas sabia o quanto significava para seu avô. Lendo, percebeu que se encaixava perfeitamente em sua vida.

Quando eu era jovem pensei em várias coisas.

Folheando novamente o diário, uma mensagem no topo de uma página chamou-lhe a atenção.

Se desconsiderarmos todas as coisas
que dizem que somos,
o que ficará para trás?

Ilha de Ellesmere, Porto de Craig, 1947, nas profundezas do Círculo Ártico.

Estou aqui aproximadamente há cinco meses. Há muito tempo o sol desapareceu no horizonte dando lugar à Noite Ártica. Esse lugar é diferente de tudo o que eu vi até agora. Durante semanas, assisti fascinado ao sol atravessando o horizonte e pondo-se cada vez mais baixo, ficando visível por apenas algumas horas, banhando a terra num pôr do sol perpétuo.

Hoje, já não é possível, mas por volta do meio-dia posso ver sua passagem iluminando o céu. Antes de chegar a esse lugar, nunca tinha parado para olhar as estrelas, porém nessa terra escura, estou descobrindo e fazendo muitas coisas que eu nunca tinha percebido antes.

Estou aqui servindo como vigia para o posto da Real Polícia Montada do Canadá que se fechara desde 1940. Havia fechado e reaberto por várias vezes durante os últimos 15 anos, mas ultimamente estava vazio apesar de achar que eles iriam reabri-lo.

Tendo a oportunidade de viver em uma região fria, tão diferente da minha terra natal, não poderia deixar de vivenciar. Nos últimos dois anos, procurei um lugar que fosse completamente diferente de tudo o que eu já havia conhecido. Queria morar em um lugar onde eu não tivesse qualquer ponto de referência para comparação. No momento em que cheguei nessa terra desolada, com icebergs imensos passando ao lado do navio e morsas gruindo por causa da nossa invasão, percebi que aqui era o lugar que procurava.

Depois de descarregar o mantimento, o capitão

desejou-me sorte para o próximo ano. A maioria das pessoas não conseguia sobreviver muito mais do que isso. O isolamento e a escuridão se tornavam insuportáveis. Existiam, porém, uns poucos que sobreviviam nessas condições.

Enquanto explorava a minha nova casa, visualizei uma magnífica geleira inexorável deslizando das montanhas e caindo dentro do oceano. Olhei com temor quando houve um deslizamento de um imenso pedaço de gelo. Um barulho parecido com um lamúrio desesperado. Grandes estalidos, altos como o som de canhões, ecoaram por toda a doca. Quando caiu na água, levantou uma imensa onda e um novo iceberg se formou. Os pássaros, assustados, cobriam o céu como nuvens.

Estagnado, compreendi a atração das pessoas por refúgio longe das multidões barulhentas e tumultuosas das sociedades.

Ontem à noite, eu fui testemunha da terrível e selvagem beleza da natureza. Eu estava andando pela praia composta de milhares de rochas redondas quando ouvi a colônia de morsas gruindo e rugindo numa grande confusão. Curioso, andei na direção do barulho até que pude ver o que causava a angústia delas.

Uma grande morsa jovem, do sexo masculino, ha-

via separado-se da segurança do grupo e estava agora sendo ameaçada por um grande urso polar. Já haviam me alertado para nunca interferir com esses animais. Então agachei para não chamar a atenção.

A jovem morsa estava resistindo bem e mantendo o urso longe com o uso de suas presas em forma de adagas, mas o urso polar colocara-se numa posição entre a jovem morsa e a colônia. Pude ver a jovem morsa cansando-se aos poucos e, finalmente, perdendo a coragem de lutar... tentou fugir.

O urso esperava tal reação. Com uma velocidade incrível, o urso voou para cima da morsa e a matou com uma eficiência inacreditável. Virando-se com desdém para o grupo de morsas, rugiu e arrastou a carcaça da morsa para um lugar mais seguro onde pudesse se alimentar.

Esse evento me fez refletir sobre o quanto a natureza é severa e imperdoável e, por isso, devemos sempre respeitá-la. Caprichosamente, acreditamos que somos capazes de mudar suas leis. E quando a natureza nos mostra que isso nem sempre é possível, ficamos chocados e indagando: "Como isso pode ter acontecido?"

Nesse lugar, comecei a me interessar por muitas coisas que, até então, não me interessava. Agora, me pergunto: "Como isso pode acontecer?"

Com freqüência, somos definidos pelo que temos: Se não temos uma grande casa ou um carro novo, não somos bem sucedidos. Se temos algo que todos querem, somos invejados. Aqui eu não tenho nada, mas não me preocupo. Porque na ausência de todas essas coisas eu me encontrei.

Desde muito cedo somos bombardeados e conduzidos pelas informações da mídia e de pessoas que nos rodeiam. Então, não é de se estranhar que com todo esse tumulto nós crescemos sem ter jamais escutado nossas próprias vozes.

Condicionados, desde a infância, pela esperteza da mídia e conduzidos por gerações com expectativas, cheias de hábitos e rotinas, acabamos nos tornando aquilo que os outros esperam de nós. Nem mesmo conseguindo conquistar o nosso próprio individualismo e potencial. Sempre na busca por aceitação, sacrificamos nossos sonhos e desejos, na esperança que algum dia possamos nos conformar com a situação.

Todos tememos ficar sós, mas será que é tão ruim assim? Estando aqui percebo que não. Agora sei como é importante pensar por mim mesmo e tomar minhas próprias decisões. Pela primeira vez, tenho vida própria.

Se nós desejamos manter nossos sonhos e planos,

devemos nos questionar sempre:

Se eliminarmos todas as coisas que nos mandam ser,
o que fica?

Gostaríamos de ter a individualidade preservada, porém
nos tornamos aquilo
que os outros esperam de nós.

Desejando a aprovação dos outros,
desistimos de controlar nossas próprias vidas,
permitindo que determinem o nosso destino.

Para nos consolarmos,
criamos coisas engenhosas para nos entreter,
nos fazer felizes e nos manter ocupados.
Dispersando nossos pensamentos
daquilo que perdemos.

Nos vemos como mestres da nossa própria criação, po-
rém incapazes de decidir por nós mesmos,
não somos mestres de nada.

Vivemos em um cárcere de expectativas,

rotinas e hábitos,
e vivemos dentro dessas limitações por muito tempo,
esquecendo que estamos aprisionados.

Se eliminarmos todas as coisas que nos mandam ser,
o que fica?

Fica qualquer coisa?

Levantando a cabeça, Sarah esfregou seus braços para desfazer-se do calafrio: parecia que o diário havia sido escrito para ela. Depois de meditar a respeito, concluiu que se aplicava à maioria das pessoas que ela conhecia.

Sarah sempre havia se considerado uma mulher independente, mas agora ela se questionava o quanto havia sido influenciada em suas decisões.

Quanto mais refletia, mais desagradável a resposta parecia.

Suspirando, esfregou o rosto e deitou-se próxima ao fogo com o diário contra o peito.

Olhando para as estrelas, ela meditou até que o sono veio.

*

Antes do alvorecer, Joseph bocejou silenciosamente e se espreguiçou fazendo caretas quando seus joelhos estalaram alto. Levantou-se, pensando em reacender o fogo para preparar um pouco de café.

Vendo Sarah dormir com o diário preso firmemente ao peito, sentou-se do lado oposto e cuidadosamente reacendeu a fogueira enquanto olhava pensativamente sobre o quanto ela havia amadurecido em uma semana e meia. Desde pequena, tinha dificuldades de tomar decisões, mas seu maior desafio foi ter que decidir dirigir uma camionete em estrada de terra.

Ela aceitou todos os desafios que lhe foram impostos e, às vezes se entusiasmava tanto que ele achava que o carro iria virar, mas ela sempre dava um jeito de recuperar o controle da direção.

Ela era a única pessoa, além de sua esposa, que tinha lido o diário. Num primeiro momento, ele ficou apreensivo, mas sabia que ela iria compreendê-lo e apreciar todas as palavras ali escritas, e estava feliz por ela ficar com o diário depois de sua morte.

O rosto sereno de Sarah dormindo o fazia compará-la com sua esposa. Sorriu com a semelhança e foi levado para o dia em que ele viu sua mulher pela primeira vez a bordo do navio Seraphim. Foi o som de água fervendo e o cheiro de café fresco que o trouxe de volta para o presente.

- Em que estava pensando? - perguntou Sarah com um sorriso. - Quando acordei, você estava aí sentado, sem se mover, com um sorriso no rosto.

- Estava me lembrando de sua avó e o quanto você se parece com ela.

Sarah se virou enrubescida de orgulho. Sempre considerou sua avó uma mulher incrivelmente independente e diligente. Nunca imaginou que poderia parecer-se com ela. Sua avó sempre pareceu calma e sempre sabia a melhor maneira para cuidar de qualquer situação. Sarah sempre desejou ser parecida com ela.

- Não é verdade - disse.

- Você não acredita? Marie não teria dirigido uma camionete como você, embora quase tenha me matado de susto algumas vezes...

Sabia que ele exagerava, mas mesmo assim, orgulhosa de receber tal elogio, Sarah não disse nada servindo-lhe um copo de café. Conversaram como velhos companheiros enquanto bebiam o café amargo. Depois de um tempo, esperando ele continuar falando sobre o mesmo assunto, Sarah perguntou:

- Vovô, como você conheceu a vovó?

Um grande sorriso surgiu no rosto de Joseph. Enquanto ele remexia a fogueira e a fazia reacender, tentava buscar na memória o tesouro das lembranças.

*

Finalmente Joseph conseguia livrar-se do frio à medida que o balsâmico taitiano aquecia seus ossos. Ele tinha sentido frio desde que iniciou a subida do Machhapuchhare na região de Khumbu no Nepal. Alguns de seus companheiros de alpinismo estavam começando as preparações para a próxima subida, mas Joseph já tinha suportado todo o frio que podia suportar. Parecia que havia passado os últimos dez anos em áreas remotas da terra.

Forçado a se proteger do temporal de neve por três dias dentro da tenda, Joseph ouviu uma história de seu amigo. Francis lhe contou sobre os dias em que havia mergulhado em busca de pérolas negras na Polinésia francesa quando era bem mais jovem. Imaginando as águas mornas e tropicais, Joseph planejou sua próxima aventura.

Durante a sua estada no Canadá, ele havia aprendido a falar razoavelmente o francês. Jogou a mochila sobre os ombros, e viajou para Papeete. Lá, tentou um emprego num dos escritórios de exploração de pérolas. Quando o seu patrão descobriu sua inexperiência em mergulho e em pérolas, mandou-o sair do escritório imediatamente, resmungando que seu tempo era precioso e tinha coisas mais importantes para fazer.

Inalterado com a sua primeira tentativa frustrada, foi procurar um quarto, decidido a adquirir informações em volta da ilha antes de continuar a busca por trabalho.

Na manhã seguinte, ele reservou um passeio no belo veleiro do século 19 que o levaria a visitar numerosas ilhotas. Era um magnífico barco cujas linhas brilhantes prometiam velocidade e estabilidade. Uma coisa que sempre o perseguiu desde a infância era o enjôo que sentia no mar. Apesar de escutar várias vezes: "é psicológico" - e sugestões como: "é só olhar para o horizonte que passa", ele nunca foi capaz de superá-lo e passava toda a viagem debruçado miseravelmente sobre o convés.

Foi numa posição assim, enquanto se perguntava o que o tinha levado a decidir fazer tal passeio, que teve o seu primeiro contato com o capitão do barco. Repousando sua testa sobre a madeira fria, sem forças sobre a grade do convés, inclinou-se ao som de passos que se aproximavam. Andando em sua direção, vinha uma bela e alta mulher olhando-o com uma expressão meio de surpresa e compaixão.

- Beba um pouco de água - disse ela, segurando um copo. - Vai te fazer sentir melhor.

Ele fechou seus olhos, tremendo só de pensar em colocar algo mais no seu torturado estômago. Balançou a cabeça recusando.

- Beba! - comandou ela, franzindo as sombrancelhas e colocando o copo de água debaixo do seu nariz. - Já vi muita gente adoecer no mar. Você está desidratado. Agora, beba!

Muito fraco para discutir, suspirou e deu-lhe um olhar mortal. Bebendo lentamente a água, começou a achar que talvez sobreviveria. Respirando fundo, virou o rosto em direção ao vento, acalmando-se.

- Viu só. Não foi tão ruim assim - disse ela em tom de brincadeira. - Não se sente melhor?

Ele a olhou pelo canto do olho para responder quando se sentiu nauseado novamente. Virando-se, vomitou novamente esvaziando o estômago da água que acabara de tomar.

Olhando-o, Marie balançou a cabeça e encolheu os ombros.

- Não se acerta sempre... - murmurou para si mesma.

Bateu de leve nas suas costas entre uma golfada e outra, falou:

- Tenho algumas coisas para fazer. Conversaremos mais tarde.

Ele respondeu duvidosamente:

- Talvez.

Mais tarde, à noite, quando ele já começava a se ajustar com o movimento do mar, conversaram enquanto ele bebericava um caldo suave, esperando não ter novamente náuseas.

Ele escutava atentamente a capitã, Marie Dupré, sobre a batalha travada contra o preconceito da mulher que tinha um negócio bem sucedido e que havia trocado a vida anterior que tinha em Paris por aquela das ilhas. Desejando simplificar sua vida, ela havia decidido quais as coisas que eram mais importantes para ela e tomou a decisão.

- E agora eu velejo, me deleito com o vento e o sol... nunca fui tão feliz!

Impressionado com a coragem de sua escolha, Joseph começou a lhe falar sobre sua vida. Quando percebeu, havia tomado todo o caldo. Nunca havia se sentido tão à vontade com alguém antes.

Colocando a vasilha de lado, contou-lhe sobre seu plano de mergulhar em busca de pérolas.

Ele se surpreendeu com a reação de Marie: ela riu fartamente. Quando finalmente se controlou, inclinou-se e deu-lhe um aperto na mão.

Compondo-se, percebeu que ele se magoara:

- Não faça beicinho. Desculpe-me - o sorriso em seu olhar traía as suas palavras de arrependimento.

Um canto de sua boca se contraiu para cima.

- Estava apenas imaginando você em um daqueles barquinhos que os mergulhadores usam. Nunca vi alguém se sentir tão mareado como você. Se você ficou doente deste jeito aqui, - gesticulou as mãos ao redor da imensa cabine - pode imaginar como você ficaria em um daqueles botes pequenos quando o mar está realmente agitado?

Só de pensar fez com que seu estômago tremesse e um sorriso apareceu no seu rosto.

- Parece que não pensei claramente sobre o assunto - admitiu num sussurro em tom de conspiração antes de se juntar a ela no riso.

Inclinando-se para trás a fim de encostar sua cabeça no anteparo, cruzou os braços.

- Bom, agora que eu não vou mais procurar pérolas, acho que tenho que achar algum outro trabalho... - disse, pensativo.

Ela viu as luzes passarem por suas feições

por alguns segundos. Então, disse:

- Vou ter uma vaga daqui a duas semanas. Se você estiver interessado...

Curiosamente olhando para ela, ele respondeu com meio sorriso:

- Você quer que eu trabalhe para você? E como vou fazer se me sinto praticamente incapacitado toda vez que eu piso a bordo do navio?

- Dê-me duas semanas e eu lhe terei curado. Aí nada vai lhe deter! - prometeu.

Estendendo a mão, perguntou-lhe:

- Que acha?

Sem hesitar, ele estendeu sua mão e pegou a que lhe era oferecida, segurando-a firmemente.

- Pode contar comigo! - replicou ele, olhando diretamente dentro dos seus olhos.

Enrubescendo levemente, ela desviou o olhar.

- Muito bem. Então, começaremos logo amanhã cedo.

Suspirando levemente, sabia que em breve reencontraria sua amada Marie.

Sarah pôde perceber uma saudade profunda em seus olhos.

- Alice Springs fica a 200 quilômetros daqui. Andaremos mais 465 quilômetros até Ayers Rock. Conseguiremos sem dificuldades chegar lá antes do pôr-do-sol. Vai ser a melhor hora porque poderemos ver o céu mudando de cor. No dia seguinte você poderá ir ao topo da montanha se quiser. Será possível tirar umas boas fotos da área a 340 metros -falou retornando ao presente.

- Acho que devo ligar para o papai - Sarah anunciou subitamente.

Pensando sobre a partida repentina e sem nenhuma explicação a sua família, achou que deveria ligar para informá-los que estava bem.

Balançando a cabeça, seu avô falou:

- É uma boa idéia. Você poderá telefonar em mais ou menos duas horas assim que chegarmos em Alice Springs.

Agradecida pela compreensão, ela se inclinou para apertar sua mão:

- Obrigada.

Afastando sua mão, ele replicou:

- Vamos arrumar essa bagunça e partir?

*

- Diabos, onde você se meteu? - seu pai gritou. - Você deixa umas mensagens obscuras sobre a viagem e se vai antes que alguém possa colocar um pouco de juízo na sua cabeça. Você é simplesmente uma irresponsável!

Sarah sabia que essa conversa era inevitável. Então, ela suspirou fundo e aceitou suportar resignada o discurso. Sabia que não fazia sentido tentar interrompê-lo. Seu pai estava interessado apenas na própria opinião.

De repente, ela o interrompeu, dizendo:

- Pai, estou em um telefone público e estou ficando sem crédito.

- Onde é que você está? - ele perguntou.

- Estou em Alice Springs. Devo estar em casa em duas semanas.

- Alice Springs? - repetiu ele. - Quero que você pegue o primeiro avião de volta para casa, mocinha! Você tem noção que me deixou numa situação embaraçosa por ter fugido desse jeito? Quero que você pare de ser tão egoísta e volte para casa imediatamente.

Incrédula, sentiu o rosto queimando de raiva diante de tal acusação e disse, firmemente:

- Não! Sou grande o bastante para tomar as minhas próprias decisões. Estarei em casa em aproximadamente duas semanas.

- O quê? Como ousa falar comigo dessa maneira? - seu pai esbravejou do outro lado da linha. - É aquele velho, não é? - acusou. - Ele tem te influenciado.

- Ninguém me influenciou a nada! - retrucou ela, se exasperando:

- Estou tomando minhas próprias decisões.

Antigamente, Sarah sentia-se envergonhada toda vez que o seu pai gritava com ela. Se culpava por não corresponder às expectativas, mas agora ela estava cansada de repreensões.

- Estou cansada das suas imposições, de ser guiada por você, sem ter nenhuma expectativa. E o que eu quero? E os meus planos? - Sarah exigiu.

- Sarah, você é ainda muito jovem para saber o que é melhor para você. Você não sabe como é importante crescer profissionalmente. Estou tentando ajudá-la crescer, mas você não percebe isso.

- Bem, não se preocupe com isso - ela retomou. - Percebi que nunca alcançarei suas expectativas. De qualquer maneira, eu nunca serei boa o suficiente para você, não é? Você acusa o vovô por tudo e nem se preocupa com a doença dele?

Sem deixar interrompê-la, respondeu por ele:

- Claro que não! Você apenas se preocupa com a sua vida e o que todos pensam de você. Finalmente vejo as coisas claramente, e não há nada que mude minha opinião.

Controlando-se, Sarah disse, calmamente:

- Vou desligar, papai.

Quando voltou para junto do seu avô, ele perguntou cuidadosamente:

- Está tudo bem?

Sorrindo, respondeu lentamente:

- Acho que sim... - e se dirigiu ao carro - Vamos dar uma olhada nessa rocha que todo mundo fala?

*

Usando seu nome aborígine, "Uluru", o guia informou ao grupo de turistas alguns fatos sobre a imensa rocha antes de informá-los sobre a mitologia aborígine associada à rocha:

"Na época da criação, quando os seres ancestrais faziam magias, um grande e plano monte se transformou em Uluru.

O Kuniya, povo-cobra que cobria a região, acampava na base da rocha. Certo dia, os Lirus, os venenosos homens-cobra, atacaram o acampamento do povo Kuniya. Uma mulher muito poderosa, Pulari, no desejo de proteger seu filho recém-nascido, cuspiu um produto mortífero e matou muitos Lirus.

Em retaliação, Kulikudgeri, um guerreiro corajoso dos Lirus, matou violentamente um jovem guerreiro, mas a mãe, para proteger o filho, bateu com um galho afiado no nariz de Kulikudgeri e ele morreu agonizando."

À medida que narrava sua história, apontava para várias características da rocha que confirmavam suas convicções. No final do *tour* recebeu calorosos aplausos.

Sarah foi ao encontro do avô que havia decidido não se juntar ao grupo e relatou muito do que ela havia aprendido.

- Você pretende escalá-la? - perguntou,

olhando para algumas poucas almas corajosas que enfrentavam o calor para chegar ao topo da rocha.

Sorrindo, Sarah comentou com um brilho no olhar:

- Seria uma vergonha viajar durante tanto tempo e desistir no final, não acha?

- Seria de fato - replicou ele, sorrindo. - Não se esqueça de levar água. Você pode se desidratar mais rápido do que imagina.

*

Escalando Uluru, Sarah parou para jogar água sobre a cabeça e respirar fundo para melhorar o batimento cardíaco. "Isso é ridículo", pensou. Com certeza, não sou tão mole assim. Abaixo, ela visualizava os visitantes que pareciam pequenos pontos, mal conseguindo distingui-los. Acenou para eles sem ter a certeza de que seu avô poderia vê-la.

Olhando pela sua câmara não podia acreditar como o céu era tão azul. O contraste com a terra vermelha formava uma bela foto, logo necessitaria de outro cartão de memória. Mal podia conter a vontade de chegar em casa e visualizar as fotos em seu computador.

Vendo sua neta escalar, Joseph riu quando viu a figura minúscula acenando excitadamente no alto. Ele estava indo comprar uma bebida quando sua visão começou a virar. Mal pôde se agarrar à beirada da mesa para evitar a queda.

Algumas pessoas foram ao seu socorro perguntando se estava tudo bem. Depois de alguns instantes, ele conseguiu se equilibrar e disse que a causa, provavelmente, seria o grande calor. Um bom samaritano trouxe-lhe um pouco de água e depois de beber alguns goles disse a todos que estava melhor.

Quando todos saíram, tomou mais dois analgésicos para diminuir a dor que sentia dentro do seu ouvido esquerdo. Sentiu-se muito fraco pelo resto do dia e se deitou mais cedo para não alarmar Sarah. Não queria parar no hospital novamente antes do eclipse. Sabia que se fosse internado não mais sairia de lá.

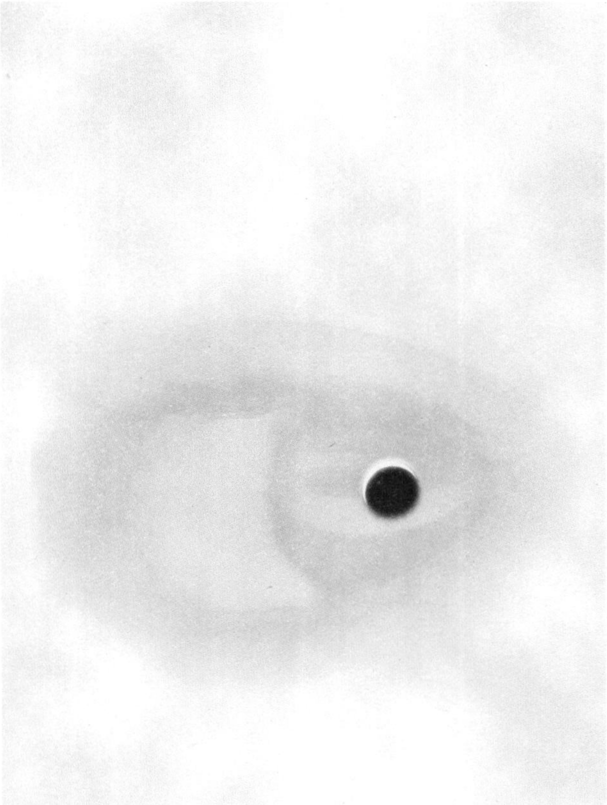

4

Joseph suspirou aliviado. Tinham passado a manhã explorando a cidade de Coober Pedy, a 600 quilômetros ao norte de Ceduna, onde existia uma mineração de opala. Aqui a região era tão castigada pelo sol australiano que os moradores fizeram casas subterrâneas. Alguns locais falam jocosamente de algumas pessoas que conseguiram enriquecer com um achado de opala na tentativa de aumentar suas salas de estar.

Almoçaram mais cedo num restaurante subterrâneo antes de continuar em direção a Ceduna. Faltavam apenas três dias para o eclipse e o céu estava ficando encoberto por nuvens.

Notando algo no alto, Joseph protegeu os olhos da luminosidade do sol e piscou para o céu. Longe, acima dele, duas águias voavam alto em espirais numa corrente térmica. Depois voaram em direção às montanhas que ficavam distantes, a leste. Joseph achou que era um ótimo presságio e sorriu. Parecia que dessa vez nada iria interromper sua chance de testemunhar o eclipse total do sol. Sua única preocupação era poder assegurar um bom local para vê-lo.

Com o grande fluxo de pessoas, a pequena cidade estaria super lotada e qualquer espaço seria como um prêmio. Ele decidiu que o mais seguro era chegar lá o quanto antes para assegurar um lugar para que pudessem ficar.

Olhou para Sarah, começou a falar quando uma grande quantidade de lembranças passou por ele como uma correnteza, sendo interrompido:

- Vovô? - ouviu Sarah chamar com preocupação.

Seu rosto perdeu a cor e seus olhos viraram.

- Vovô!

*

- Vovô! - gritou Sarah no momento em que o viu enrijecer e aprofundar no inconsciente.

Saindo da estrada, brecou e correu para o

lado do passageiro abrindo a porta com força. Puxou-o para fora deitando-o ao chão.

Suspirou aliviada quando encontrou o pulso batendo fortemente e sua respiração controlada. Tentou sacudi-lo para que acordasse e sentiu o pânico tomar conta de si quando ele não despertou. Afastando seus temores, lembrou-se do que ele havia dito assim que iniciaram a viagem: "Se tivermos qualquer problema podemos pedir ajuda de qualquer lugar com um rádio que tenha alta-freqüência."

Cuidadosamente, passou sobre ele, entrou na camionete, do lado do passageiro, revistando o interior do porta-luvas para encontrar uma lista com freqüências de emergências anotada em algum lugar. Com a lista em mãos, ligou o rádio e tentou achar o serviço médico aéreo.

- Alô! Alguém pode me escutar? Eu necessito de ajuda!

- Esse é o SMA em Port Augusta. Por favor, diga o seu nome e a natureza da sua emergência.

- Graças a Deus! Meu nome é Sarah Williams. Meu avô desmaiou e não consigo acordá-lo.

Depois de alguns minutos de questionamento e um resumo sobre o histórico de seu avô, o SMA a encaminhou para um pequeno campo de pouso, mais ou menos a sessenta quilômetros a sudeste de Cooper Pedy.

Pouco antes de chegarem ao local, seu avô começou a se agitar irregularmente, mas não mostrou sinais de querer despertar. A espera parecia uma eternidade, até que Sarah ouviu o barulho distante do helicóptero e à medida que sobrevoava-os, ela acenava para o piloto.

Enquanto Joseph era examinado, o médico perguntava a Sarah:

- Você prefere seguir conosco ou quer ir dirigindo até Port Augusta?

Sarah olhou para o seu avô e em seguida para a camionete. Ela se sentia arrasada. Vendo o seu conflito, o médico sugeriu:

- Se for conosco, de qualquer maneira, irá levar algum tempo para você poder ver seu avô. Então, talvez você deva ir dirigindo. Quando você chegar, já teremos feito os exames necessários e poderá vê-lo em seguida.

Ela odiava ter que deixar seu avô, mas reconheceu que o conselho do médico fazia sentido. Concordou chorosa. Logo pôde ver o avião decolar e desaparecer no horizonte, dirigindo-se para a costa sul. Começou a se culpar, convencida de que não deveria ter-lhe exposto a uma viagem tão estressante.

Entrou na camionete, arrependida por ter concordado com a viagem.

*

Saindo das profundezas do inconsciente, Joseph piscou quando a luz acima começou a cegá-lo. À medida que sua visão se acostumava à luz, pôde perceber melancolicamente onde ele se encontrava. Os sons abafados e sussurros eram suficientes para informá-lo de que ele se encontrava em um hospital, mais uma vez. A injustiça o apunhalou como uma faca. A única coisa que ele queria realmente fazer era terminar sua vida sob o céu aberto e testemunhando algo surpreendente. Sentiu as lágrimas se formarem, mas procurou se controlar dando lugar a um cansado e derrotado suspiro.

- Vovô?

Olhando em volta, viu Sarah sentada ao seu lado. Seus olhos mostravam traços de preocupação e marcas de arrependimento. Uma singela lágrima caiu sobre sua face e ela não pode se conter, abraçando-o chorando.

- Perdoe-me. Nunca deveria ter concordado em trazer-lhe aqui. A culpa é minha!

Joseph sentiu sua angústia e todas as suas preocupações. Ele a segurou nos braços, acariciando seus cabelos e fazendo sons de conforto até que sua maior tristeza tivesse passado.

Ela fungou alto e sentando-se, limpou as lágrimas com a parte de trás da mão.

Antes que pudesse se culpar novamente, ele lhe disse de uma maneira firme:

- A decisão de vir foi minha, Sarah. Não sua. Eu teria vindo caso você viesse ou não - completou:

- Fiquei muito feliz que você tenha vindo... de ter tido a oportunidade de ver como você se tornou uma mulher de fibra... de ter tido a chance de dormir sob um céu aberto e rever lugares que eu conheci quando era jovem.

Joseph pegou sua mão. Sorriu para ela e disse-lhe com emoção.

- Eu tive uma boa vida. Eu não me arrependo de nada que fiz e tampouco você deveria se arrepender.

Ele olhou para todo o quarto e perguntou:

- Há quanto tempo estou aqui?

- Você esteve inconsciente por mais de um dia. Você chegou aqui ontem de manhã.

Seus olhos se iluminaram ao ouvir isso:

- Então não aconteceu ainda? Não perdemos ainda?

- Vovô - disse Sarah gentilmente - você não sairá a tempo de ver o eclipse. É amanhã!

- Eu sei disso - disse pacientemente. - Quero que você vá e fotografe para que possa descrevê-lo para mim.

Ela quis protestar dizendo que queria ficar com ele. Ele a interrompeu. O desespero de sua voz a fez escutar.

- Por favor! - implorou-lhe. - Sei que, talvez, nunca sairei desse hospital. Preciso que faça isso para mim. Foi a única coisa em que eu falhei. Se você for e voltar para me contar o que aconteceu, será como se eu tivesse ido.

Ela balançou sua cabeça. Lágrimas rolavam pelas suas faces.

- Perdoe-me. Não posso! - disse soluçando. - Papai tinha razão. Eu nunca deveria ter vindo. Se tivesse ido para casa quando ele mandou, você teria que voltar também e não estaria nesse hospital.

- Tem razão - disse ele, com a voz frustrada. - Eu ainda estaria naquele asilo esperando a vida se acabar aos poucos. Pelo menos tive outra chance de viver como um homem normal. Se você não consegue entender isso, então talvez você não tenha mudado mesmo.

Ele virou a face quando já não conseguiu conter seu choro.

- Estou cansado. Gostaria de ficar sozinho um pouco.

Sarah fechou a porta do quarto. Ela sentou-se em uma cadeira e, colocando seus cotovelos sobre os joelhos, cobriu o rosto com as mãos. Ela queria fazer aquilo que o avô lhe pedira, mas não conseguia se livrar do peso da responsabilidade. Toda vez que pensava em Joseph, ouvia a voz de seu pai culpando-a.

Controlando-se novamente, Sarah reforçou sua decisão dizendo a si mesma que havia tomado a decisão correta. "Às vezes, as coisas não acontecem como você gostaria. A vida é assim." Afirmando para si mesma, lembrando da tentativa de seu avô em escalar o monte Machhapuchhare: "Nem tudo acontece como nós gostaríamos que fosse, então temos que tirar proveito, ao máximo, da situação."

Secando as lágrimas dos olhos com um lenço de papel, respirou fundo. Ela havia ficado ao lado de seu avô a noite toda e ocorreu-lhe que não havia comido nada o dia todo. Levantou-se e foi procurar uma lanchonete.

Olhou duvidosamente para a comida, decidiu optar pela salada por precaução. Escolheu uma mesa atrás de uma grande planta, sentou-se olhando com desânimo para o prato, até que acabou desistindo.

Desconfortável por estar em um hospital e desejando pensar em outras coisas, Sarah puxou o diário e começou a folheá-lo. Quase no final, parou. Havia um poema com letra elegante e obviamente feminina que ela nunca havia visto. Ao final da página, viu o nome da autora: Marie Dupré, 1958 e o comentário: "Eu nunca me esqueço de que para as coisas mudarem, nós devemos mudar."

Quero que minha vida seja diferente,
tantas coisas precisam ser mudadas.

Se ao menos meu trabalho não fosse tão exigente,
poderia ficar mais tempo com a minha família.

Se ao menos as pessoas julgassem menos,
não reclamariam das minhas ações.

Se ao menos a vida fosse mais fácil,
eu poderia conquistar todos os meus sonhos.

Quero que minha vida seja diferente.
Mas nada jamais muda
Então, eu continuo sendo a mesma pessoa.

Passando os dedos sobre o poema, Sarah finalmente parou de escutar a voz do pai e começou a escutar a sua própria voz.

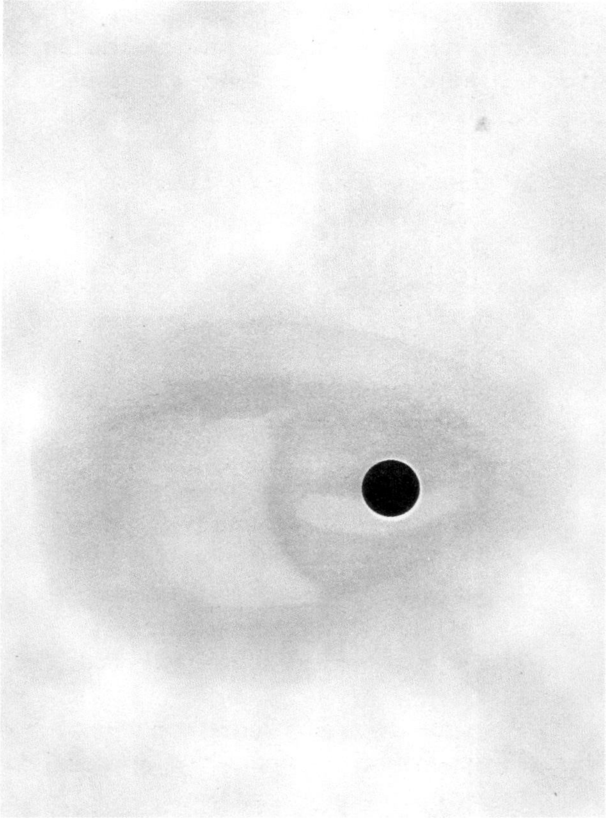

5

Entrando no quarto, Sarah foi até a janela onde uma luz alaranjada de um belo pôr-do-sol australiano podia ser visto. Ela olhou para fora. dizendo:

- O senhor poderá ver o eclipse daqui, não acha? Não será um eclipse total, mas será bem próximo - ela se virou para ele e sorriu. - Terá que servir até que eu volte com as minhas fotos.

O rosto dele se acendeu.

- Então você irá?

Quando ela confirmou, ele perguntou:

- O que fez com que você mudasse de idéia? Você me pareceu tão determinada a ficar.

Ela pegou o diário e mostrou-lhe o poema da avó. Uma grande ternura baixou sobre suas faces. Enquanto ele olhava para aquelas palavras, Sarah desejava que, algum dia, alguém a olhasse da mesma maneira.

- Sua avó era uma mulher notável. Queria que você tivesse tido a chance de conhecê-la melhor.

Sentando-se ao seu lado, Sarah mostrou-lhe o envelope pardo cheio de retratos.

- Com essas fotos e esse diário eu começo a entender.

Colocando as fotos sobre a cama, eles ficaram até tarde naquela noite falando sobre amigos, aventuras e a vida. Quando Sarah viu que os olhos do avô lutavam para ficar acordados, ela pegou todas as suas coisas, beijou-o gentilmente no rosto e disse:

- Eu dou uma passada aqui pela manhã para me despedir antes de ir para Ceduna.

Mas ele já havia caído em um sono profundo. Ela desligou a luz e lentamente fechou a porta e foi para o quarto que o pessoal do hospital havia preparado para ela.

*

Joseph estava deitado apreensivo na cama.

Sabia que a morte pairava sobre ele. Pela manhã, a fadiga havia aumentado e uma dormência se espalhou por todo o seu corpo. Joseph escreveu uma carta para Sarah, deixando-a dentro do diário. Havia pedido a Sarah que deixasse o diário com ele enquanto viajava para Ceduna, a 500 quilômetros, a oeste. Queria sentir a presença reconfortante do diário perto dele.

O pessoal do hospital posicionou sua cama para que pudesse olhar pela janela, mas franziu a testa de preocupação com uma nuvem ameaçadora que poderia encobrir o eclipse. Para se manter ocupado, ele fez um buraco de mais ou menos dois milímetros em um grande pedaço de papel cartão.

Sabia que assistir a um eclipse usando binóculos ou telescópios, ou mesmo a olho nu poderia causar grandes danos ou mesmo cegueira, então para poder ver a progressão da lua sobre a face do sol, ele estava usando o método do buraquinho. Segurando o papelão com o buraco a quase um metro à frente, seria capaz de ver o sol projetado contra a superfície. Apesar da imagem ficar um pouco distorcida, o eclipse poderia ser visto com segurança. Outras vezes, ele havia visto imagens de eclipses parciais no chão, sob árvores cheias de folhas, onde as pequenas aberturas entre as folhas formavam pequenos buracos.

Com nada mais a fazer do que esperar, Joseph deitou-se com o diário em suas mãos, confortando-se com ele à medida que sua jornada chegava ao fim.

*

Sarah estava feliz por ter decidido sair cedo. A Rodovia Eyre de Port Augusta para Ceduna era normalmente cheia, mas hoje ela estava mais movimentada do que nunca. Parecia que todos estavam ali, indo para Ceduna para assistir ao eclipse. Enquanto dirigia lentamente os últimos vinte quilômetros, olhava preocupada para a nuvem escura que cobria o céu. De vez em quando alguns raios solares conseguiam passar por aquela nuvem, mas caso contrário, o céu estaria cinza.

Sua preocupação principal era que no momento do eclipse total, o sol estaria a apenas 9 graus acima do horizonte e poderia se pôr enquanto o eclipse estivesse parcial. Isso significava que a possibilidade de nuvens baixas no horizonte era muito maior. Aí o eclipse ficaria obscuro.

O tráfego em Ceduna era ainda pior do que na rodovia. A cidade costeira estava lotada, parecia um formigueiro. Todos haviam se locomovido para lá na esperança de ver o grande espetáculo. Sabendo que a totalidade do território era de 36 quilômetros de extensão e se concentrava quase que exclusivamente no local de Post Office, Sarah usou toda a vantagem oferecida de uma camionete. Abandonou as estradas principais e seguiu por caminhos que a levariam para pontos menos movimentados.

Uma pequena elevação não muito longe da praia chamou-lhe a atenção. Apenas umas poucas pessoas intrépidas haviam encontrado aquele lugar. Estacionou, saiu do carro e começou a verificar sua câmara, limpando as lentes da frente pela última vez. Ela queria que as fotos tiradas para seu avô ficassem perfeitas. O próximo eclipse total só aconteceria no ano 2012 e ela sabia que ele não poderia esperar por tanto tempo.

Com tudo pronto, Sarah guardou a máquina e olhou em volta para a quantidade de pessoas que se avolumavam. O comitê de organização havia feito tudo para fazer do eclipse um grande evento, mesmo que estivesse nublado. Bandas de rock tocavam na rua principal. Havia festas na margem oposta e aeronaves exibiam shows de acrobacia. Vários técnicos preparavam fogos de artifício para ser usados depois do pôr do sol, e o centro da cidade formava um cordão de barraquinhas que acabou virando uma grande feira livre.

Um vento frio começou a soprar do oceano, fazendo dissipar várias nuvens no centro do céu. Várias pessoas na multidão viram isso e entraram em seus carros e dirigiram-se às pressas em busca de um local mais distante da costa onde tinham a esperança de poder ver um céu mais claro.

Sarah olhou em volta e viu que a maioria das pessoas que havia armado telescópios para visualizar a totalidade do eclipse estavam ficando naquele local, então ela decidiu fazer o mesmo. As nuvens pareciam afinar e parecia pouco compensador lutar contra a massa de pessoas para encontrar um outro local que se tornaria tão obscuro quanto esse.

Às 18h 40min, uma onda de excitação tomou conta da multidão quando a lua tocou a borda do disco solar. Dando uma pequena olhadela na direção do sol, Sarah não pôde ver nada ainda, então decidiu esperar até a totalidade que ocorreria às 19h 40min.

Em Port Augusta, o avô de Sarah colocou seu pedaço de cartão e olhou o avanço gradual da lua sobre a superfície do sol. De onde ele estava, sabia que o sol ficaria obscurecido em mais de 90%. Mesmo não sendo um eclipse total, sabia que seria uma visão que valeria a pena. Ocasionalmente, ele olhava para fora da janela, mas suas tentativas para visualizar o sol obscurecido retornavam apenas como um impressionante lampejo do disco solar. Suspirando, virou-se olhando para a parede.

Por grande parte da fase inicial do eclipse, o sol permaneceu inalterado e Sarah pôde então ver extasiada e fascinada a luz diminuir notoriamente. Tudo estava indo bem, então apenas alguns minutos antes de sua totalidade, uma pequena faixa de nuvem preta moveu-se frente ao sol crescente que ainda restava.

Decepcionadas, algumas pessoas entraram em seus carros e, em alta velocidade, procuravam outros pontos na esperança de encontrar um lugar onde o céu estivesse mais claro. A nuvem começou a se mover e Sarah tratou de aprontar sua câmara, na esperança de que a nuvem saísse a tempo. A totalidade iria acontecer em breve e duraria apenas 33 segundos. A grande multidão estava misteriosamente quieta olhando atentamente na direção do sol obscurecido.

Apenas um lampejo prateado de luz apareceu, apesar de outra nuvem se mover em sua direção. Sarah ouviu as pessoas gritarem para que o eclipse andasse depressa.

Na viagem, o avô havia explicado as diferentes coisas que aconteceriam durante o eclipse. As "Contas Baily" ou "cordão de pérolas", é visto antes e durante a sua totalidade. O tamanho da lua combina perfeitamente com o do sol. E nesse ponto o sol só pode ser visto nos vales e entre as montanhas, fazendo com que se pareça com um colar de pérolas. Após isso, disse ele, à medida que a última parte do sol for encoberta, uma superfície luminosa ou fotóstato aparece circundando a lua, um ponto pequeno de raio de luz ocorre e é chamada de "anel de diamante". Quando o sol está totalmente coberto, é possível ver proeminências. Existem grandes círculos e arcos sobre a superfície solar composta por campos magnéticos intensos que penetram na sua superfície. E finalmente há a coronha solar, que é a atmosfera exterior.

Assim que a nuvem passou, os Contos de Baily apareceram exatamente como ele havia lhe dito e se penduraram com esplendor contra a escuridão do céu onde as primeiras estrelas brilhantes apareciam. Assim, os contos, um a um, se extinguiram e subitamente, sem qualquer aviso, o anel de diamante e a coronha instantaneamente apareceram, e várias proeminências ao redor da circunferência do sol eram visíveis.

Enquanto a lua continuava a passar pela superfície do sol, mais proeminências eram reveladas e ela conseguiu tirar várias fotos. Arriscando olhar em outra direção, ela viu que todas as estrelas e constelações eram visíveis como se fosse noite. A única luz vinha do brilho da coronha do sol.

Enquanto os 33 segundos passavam, outro "anel de diamante" piscou apenas alguns graus acima do horizonte seguido de mais "Contos de Baily", anunciando o fim por completo. Sarah bateu mais algumas fotos antes que a próxima nuvem surgisse para obstruir o sol novamente.

Sarah encostou-se no carro profundamente sensibilizada e finalmente compreendendo por que seu avô havia viajado por todo o mundo para ter a chance de ver um eclipse total.

À medida que o sol, ainda que parcialmente encoberto, se punha no horizonte, Sarah refletia sobre sua velha vida e que jamais poderia retomá-la.

Ela não sabia o que iria fazer, mas essa decisão poderia ser tomada após dividir sua experiência com o avô.

Uma onda de fadiga passou por ele mais uma vez. Era a segunda ocorrida em poucos minutos e sabia que sua hora estava por vir.

Uma grande tranqüilidade havia se instalado sobre ele e a única coisa que o segurava nessa vida era o desejo de ver o eclipse.

Quando o sol alcançou o máximo de sua oclusão, ele olhou para o falso crepúsculo. Acima do horizonte, um pedacinho do sol parecia ser a unha do dedão de Deus.

Os sussurros do passado começaram a crescer dentro dele. Percebeu que era a voz de sua amada. Com um suspiro de contentamento, ele a acompanhou para dentro da eternidade.

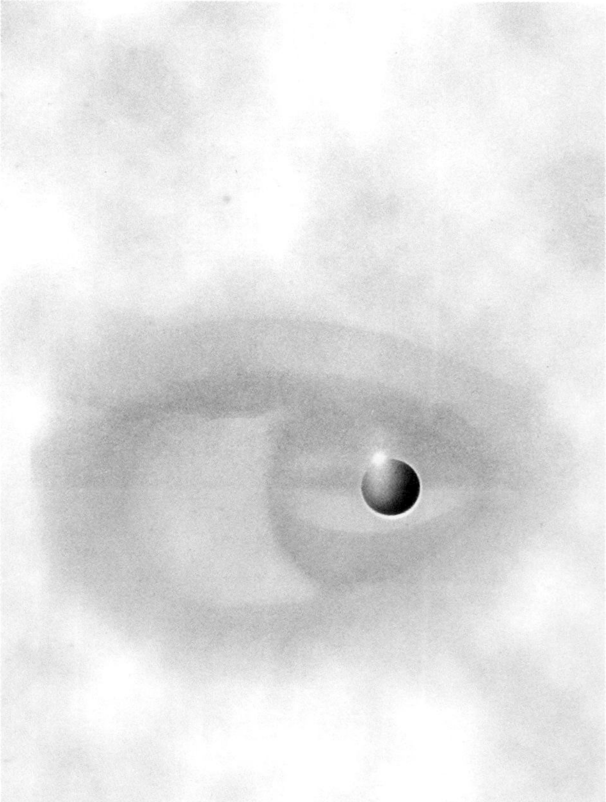

6

Sarah entrou excitadamente no quarto do avô. Deteve-se confusa ao ver um outro enfermo.

Dirigindo-se à mesa da enfermeira, perguntou:

- Meu avô, Joseph Banks, encontrava-se no quarto 314. Poderia me informar para onde ele foi transferido?

- Vou checar - disse a enfermeira, olhando para o computador.

Vendo o relatório, sussurou ao telefone por alguns minutos.

- O doutor que está cuidando do seu avô está a caminho. Por favor, sente-se - mostrando-lhe uma fileira de cadeiras contra a parede.

Sarah sentou-se ansiosa, esfregando as mãos. Quando viu um médico vindo em sua direção levantou-se apressada.

Ele apenas a olhou e continuou andando. Ela se sentou novamente, esperando. Os minutos pareciam uma eternidade. Finalmente, quando ela já ia se dirigir à enfermeira novamente, um médico parou a sua frente:

- Sarah Williams?

- O meu avô está bem? - perguntou já temerosa da resposta.

Ele a dirigiu para um canto particular.

- Sinto muito, senhorita. O seu avô faleceu ontem à tarde. Foi-se tranqüilamente. A enfermeira que o assistiu disse que tinha um sorriso nos lábios.

Enquanto Sarah caía em prantos, ele a confortou colocando a mão sobre o seu ombro.

- Há algo que posso fazer por você? Alguém que posso chamar para vir te buscar? - perguntou gentilmente.

Ela balançou a cabeça entorpecida.

- Não. Estão todos em Queensland.

Limpando os olhos com o lenço de papel que lhe foi entregue, continuou:

- Meu avô tinha um diário. Gostaria de tê-lo, por favor.

- Claro! Farei com que lhe entreguem todos os pertences imediatamente.

Entregando-lhe seu cartão, continuou:

- Por favor, informe-me sobre o que a sua família decidirá fazer com relação a seu avô e me chame caso precise de algo - deu-lhe um sorriso de compaixão deixando-a com seus pensamentos.

*

Com o diário no banco do passageiro da camionete, Sarah dirigiu apenas querendo se afastar do hospital. Horas mais tarde ela parou num trecho da rodovia enquanto o pesar tomava conta do seu ser. Seus ombros tremiam à medida que ela chorava.

Exausta, sentou-se para descansar da grande emoção. Ela pegou o diário. Quando o abriu, a carta que seu avô havia deixado ali, caiu.

Querida Sarah,

Peço que não sofra por mim.

Minha vida foi mais bela e rica do que eu poderia desejar. Eu já vi e experimentei coisas que poucas pessoas nem ao menos viram.

Eu me considero uma pessoa abençoada por ter feito tanto. Não chore por mim porque eu não me arrependo de nada.

Ao invés de sentir tristeza e remorso pela minha perda, honre-me decidindo qual será o seu próprio destino e vivendo de acordo com os seus próprios princípios e valores. Aspire por mais do que simples segurança. Alcance as estrelas!

Essas últimas semanas foram umas das melhores da minha vida. Eu te vi crescer muito além dos limites que você se impôs e me orgulho em ver a mulher que você está se tornando. Você realmente me faz lembrar de sua avó.

Tente se lembrar de que mesmo sendo necessário o dinheiro, viver é o que importa. Eu falhei em tentar ensinar o seu pai e sei que ele lutará contra esse princípio, mas não o julgue porque foi culpa minha por ele ser do jeito que é. Lembre-se sempre do que você busca da vida. E sempre continue a se mover em direção do seu objetivo.

Apenas VOCÊ tem o poder para conquistá-lo ou provocar seu fracasso. Ninguém pode ser responsabilizado. Decida o que você quer e trabalhe para que isso aconteça. Não viva tanto de sonhos que você acaba se esquecendo de viver.

Seja cuidadosa para não cair no pensamento do "Quando vier o amanhã..." Se você se encontrar deixando para o dia seguinte as coisas que você quer fazer, lembre-se, o amanhã nunca vem.

Sarah, deixo com você esse diário. Foi o meu guia durante toda minha vida e eu sempre procurei me manter fiel aos ideais contidos nele. Sei que você o entende e irá valorizar suas palavras.

Não derrame lágrimas por mim. Ao invés disso, busque sua felicidade.

Com todo amor.
Vovô.

*

Algumas semanas mais tarde, Sarah mudou-se para a casa que seu avô havia lhe deixado em Palm Cove. Sentando na velha, mas confortável cadeira da varanda, olhou para as límpidas águas do oceano. E pela vigésima vez, leu a curta carta amassada nas mãos.

Cara Senhorita Williams,

Estou feliz de informá-la de que suas fotos de 4 de Dezembro do Eclipse Total do Sol ao sul da Austrália foram aceitas para serem publicadas na edição de Fevereiro na Revista National Geographic. Pagamento segue junto. Esperamos mais fotos para futuras publicações.

Após o funeral de seu avô, Sarah matriculou-se em um curso de fotografia no Instituto Técnico e de Educação de Cairns. Abandonou seu emprego em favor de um menos remunerado, mas com horas mais flexíveis para ser possível estudar.

Seu pai ficou furioso, mas já não possuía o poder para intimidá-la. Estava decidida a escutar o próprio coração.

Entrou em casa e colocou a carta junto com sua herança mais valiosa: o velho diário que tanto havia mudado a sua vida.

Sorrindo, olhou para fora, vendo um azul perfeito no céu, sussurrou:

- Obrigada, vovô.

Sobre o autor

Peter O'Connor nasceu em Queensland (Austrália) em maio de 1973. Logo, mudou-se para o oeste da Austrália, onde cresceu apaixonado pela natureza e por astronomia. Ingressou na faculdade de Perth e graduou-se em Artes Industriais. Em 1995, alistou-se na Real Força Aérea Australiana como técnico de aeronaves, sendo enviado para New South Wales. Em 2001, Peter deixou a Força Aérea para dedicar-se como escritor. Quando Vier o Amanhã (When Tomorrow Comes) é o seu mais recente trabalho.

Atualmente, Peter vive com sua esposa Karen, em Perth.

Conheça mais títulos da

Editora Academia de Inteligência

Livros que transformam vidas.

Augusto Cury

Coleção Análise da Inteligência de Cristo
(5 vols)

1- O Mestre dos Mestres
2- O Mestre da Sensibilidade
3- O Mestre da Vida
4- O Mestre do Amor
5- O Mestre Inesquecível

Treinando a Emoção para ser Feliz
Superando o Cárcere da Emoção
12 Semanas para Mudar sua Vida

Cidinha C. Antônio

Como Ficar Rico

Editora Academia de Inteligência

Contatos

Rua Cristóvão Colombo, 82
CEP: 14770-000 - Colina - SP
Telefax: (17) 3341-8212
e-mail: academiaint@mdbrasil.com.br
Site: www.academiadeinteligencia.com.br